QUAND LA RUE PARLE

Gaétan St-Pierre

Quand la

parle

Le vocabulaire des luttes sociales et ses origines étymologiques

Pour effectuer une recherche libre par mot-clé à l'intérieur de cet ouvrage, rendez-vous sur notre site Internet au www.septentrion.qc.ca

Les éditions du Septentrion remercient le Conseil des Arts du Canada et la Société de développement des entreprises culturelles du Québec (SODEC) pour le soutien accordé à leur programme d'édition, ainsi que le gouvernement du Québec pour son Programme de crédit d'impôt pour l'édition de livres. Nous reconnaissons également l'aide financière du gouvernement du Canada par l'entremise du Fonds du livre du Canada (FLC) pour nos activités d'édition.

Photographie de la couverture : la rue Richelieu à Québec, dans le quartier populaire Saint-Jean-Baptiste. Sophie Imbeault photographie
Chargée de projet : Sophie Imbeault
Révision : Solange Deschênes
Correction d'épreuves : Marie-Michèle Rheault
Mise en pages et maquette de couverture : Pierre-Louis Cauchon

Si vous désirez être tenu au courant des publications
des ÉDITIONS DU SEPTENTRION
vous pouvez nous écrire par courrier,
par courriel à sept@septentrion.qc.ca,
par télécopieur au 418 527-4978
ou consulter notre catalogue sur Internet :
www.septentrion.qc.ca

1300, av. Maguire
Québec (Québec)
G1T 1Z3

Dépôt légal :
Bibliothèque et Archives
nationales du Québec, 2014
ISBN papier : 978-2-89448-788-4
ISBN PDF : 978-2-89664-871-9
ISBN EPUB : 978-2-89664-872-6

Diffusion au Canada :
Diffusion Dimedia
539, boul. Lebeau
Saint-Laurent (Québec)
H4N 1S2

Ventes en Europe :
Distribution du Nouveau Monde
30, rue Gay-Lussac
75005 Paris

À la mémoire de Madeleine Parent (1918-2012)
et de Léa Roback (1903-2000), femmes de tous
les combats contre l'exploitation et l'injustice,
plus grandes que les grands de ce monde,
plus grandes que toutes les noirceurs.

Remerciements

Je m'en voudrais de passer sous silence la contribution de mes amis de toujours et premiers lecteurs, Louise Desforges et Paul Rompré, passés maîtres dans l'art de débusquer les (moindres) erreurs, les coquilles et les imprécisions. Leurs observations d'une grande acuité m'ont été fort précieuses. Je les en remercie de tout cœur.

Avant-propos

Plusieurs des termes associés à l'action politique et au militantisme se rattachent étymologiquement à l'idée de « guerre », de « combat », à commencer par le verbe *militer* (XIIIe) qui remonte au latin *militari* et signifiait originellement « faire la guerre ». Pensons aussi à *slogan* (1842), mot d'origine écossaise signifiant « cri de guerre ». Mais ce lien avec la guerre n'est pas obligé, et des dizaines de termes du vocabulaire de l'action politique sont tout simplement de très anciens mots d'origine latine venus en français le plus souvent par voie savante, comme *contestation, manifestation* ou *illégal*, mais aussi par voie populaire, comme *rue* ; des mots qui n'avaient à l'origine aucun lien avec les luttes sociales et qui ont connu des développements sémantiques assez remarquables. D'autres mots enfin, comme *boycotter, grève* ou *matraque*, nous sont venus par d'autres chemins et ne sont entrés en usage que bien plus tard.

Ces mots et bien d'autres, nous les avons souvent entendus pendant le mouvement « Occupons... » qui s'est répandu dans plusieurs villes (dont Québec et Montréal) du monde à l'automne 2011, et plus encore au cours de la crise sociale qui, au printemps

2012, a secoué le Québec. Certains ont été galvaudés, détournés de leur sens, emportés dans la spirale de l'inflation verbale. Voici, triés sur le volet, quelques-uns de ces mots et l'histoire de leur origine étymologique et de leur évolution. On y trouvera non seulement les mots de la révolte comme *lutte, insurgé, occupation, résistance, debout, solidaire* ou *grève,* mais aussi ceux de la réaction et de la répression, comme *matraque, illégal, intimidation, majorité silencieuse* ou *(juste) part.*

Le vocabulaire est la composante de la langue la plus mouvante, la plus changeante. Au cours de leur histoire, la plupart des mots subissent des changements de forme et connaissent des changements de sens. Aussi, une grande majorité des mots que nous employons n'ont plus leur sens d'origine ou ont développé un ou des sens secondaires. Le vocabulaire des luttes sociales n'échappe évidemment pas à cette règle.

Dans *Quand la rue parle*, je me suis intéressé à l'origine étymologique de ces mots (leur racine, leur forme la plus ancienne, leur sens primitif), à leur formation et à leur évolution. On découvrira, par exemple, que *solidaire* est de la même famille que le verbe *souder* et le nom *sou* (eh oui, le *sou* des *gros sous*), que *camarade*, emprunté à l'espagnol, désignait à l'origine un compagnon de chambrée, que *manifestation* a d'abord eu le sens de « révélation divine » et *être en grève*, celui de « chercher du travail », que *masque* nous vient de l'italien et *matraque* de l'arabe, que *rue* vient d'un mot latin, *ruga*, qui signifiait proprement « ride »...

Par l'intermédiaire de ces histoires de mots, notamment par la mise en lumière du contexte dans lequel ils sont apparus ou ont pris le sens qu'on leur donne aujourd'hui, c'est aussi, d'une certaine manière, l'histoire des luttes populaires et des luttes ouvrières qui est évoquée ici.

★

Certains passages de *Quand la rue parle* (à propos de mots comme *grève, scab, brasse-camarade* ou *patronage*) reprennent – mais dans un contexte fort différent – des éléments de rubriques de mon livre *Histoires de mots solites et insolites* (Éditions du Septentrion, 2011). Le livre *Histoires de mots solites et insolites* proposait à la fois une histoire générale du vocabulaire français et l'histoire de centaines de mots dont il retraçait l'origine étymologique. Dans *Quand la rue parle*, je me penche uniquement sur le vocabulaire des luttes sociales et politiques, comme d'autres, avant moi, se sont intéressés au discours amoureux, au vocabulaire du vin ou aux noms d'oiseaux. De là à parler d'étymologie *engagée*[1]...

---

1. L'histoire de ce mot est abordée plus loin dans la rubrique intitulée *Engagés*... sans *gages*.

Rébellion, révolte, révolution

Du point de vue étymologique, la guerre est germanique, et la rébellion, latine. *Guerre* (fin XIe) vient, en effet, du francique (la langue des Francs) *werra*, terme signifiant « confusion, désordre, tumulte » et aussi « querelle ». Le mot francique va très tôt supplanter le mot latin *bellum* « guerre » et prendre, dès le IXe siècle, le sens de « lutte armée ». *Werra* (qui va aussi donner le mot anglais *war*) va connaître en français l'évolution phonétique commune à tous les mots d'origine germanique comportant un [w] initial et aboutir à *guerre* au XIe siècle. Quant aux mots latins *bellum* et *belligerare* « faire la guerre », ils ont fourni plus ou moins tardivement de nombreux dérivés savants : *belliqueux* (milieu XVe), *belligérant* (milieu XVIIIe) et les plus anciens ***rebelle**** (XIIe, de *rebellis*), ***(se) rebeller*** (fin XIIe, de *rebellare* « recommencer la guerre ») et ***rébellion*** (XIIIe, de *rebellio*). Si le *rebelle* est étymologiquement une personne « qui recommence la guerre », le mot s'applique surtout, comme *insurgé*, à quelqu'un qui conteste l'autorité d'un gouvernement et se révolte contre lui. Le mot sert aussi à qualifier une personne désobéissante,

---

* Apparaît en gras la première occurrence des mots étudiés dans cet ouvrage.

qui défie une certaine autorité (*un fils rebelle*). Quant au nom *rébellion*, il a, selon le contexte, un sens proche de *soulèvement* (XIIIe), au sens figuré de « mouvement de révolte », ou d'*insurrection* (XIVe, latin *insurrectio*).

Révolte et *révolution* sont, on s'en doute, de la même famille. Pourtant *révolte* est emprunté à l'italien et *révolution* nous vient du latin. Le verbe ***(se) révolter*** (début XVIe) est un emprunt à l'italien *rivoltare* « retourner » (du latin *revolvere*). *Se révolter* a eu le sens de « se retourner » avant de prendre, vers le milieu du XVIIe siècle, le sens moderne de « refuser de se soumettre ». Quant au verbe *révolter*, il a pris le sens de « soulever l'indignation » (*une attitude qui révolte*). Le nom ***révolte*** (début XVIe) est dérivé du verbe. Le mot ***révolution*** (fin XIIe) est, pour sa part, un très ancien mot savant issu du latin *revolutio* « retour, cycle », de la famille de *volvere* comme *révolte*. *Révolution* a d'abord été un terme d'astronomie désignant le retour, la révolution des astres. Ce n'est qu'au milieu du XVIe siècle que *révolution* prend le sens de « changement important », puis, à la fin du XVIIe siècle, celui de « changement brusque de l'ordre social ». ***Révolutionnaire*** (adjectif et nom) date, faut-il s'en étonner ?, de 1789.

C'est la *lutte* finale et continuons le *combat* : se jeter dans l'action

Lutte et *combat* sont deux mots d'origine latine qui occupent une place centrale dans le vocabulaire des luttes sociales et de l'action politique.

Le verbe ***lutter*** (fin XIe, du latin *luctare*) et son déverbal ***lutte*** (milieu XIIe) désignaient à l'origine un combat corps à corps opposant deux adversaires, d'où le dérivé *lutteur* (XIIe). Mais les deux mots ont aussi pris, par extension, le sens de « mener une action contre », de « s'opposer à ». Le nom *lutte* s'applique à l'affrontement entre deux groupes, à un conflit plus ou moins violent : *la lutte contre le crime, l'appui aux luttes ouvrières.* On retrouve le mot dans le syntagme *lutte des classes* qui désigne, dans la terminologie marxiste, le conflit opposant la classe exploitée (les « damnés de la terre » dans *L'Internationale*) et la classe dominante qui l'exploite, la bourgeoisie capitaliste.

Combat, au sens propre d'« affrontement » comme au sens figuré de « lutte » ou d'« opposition », est un mot plus récent (XVIe siècle). C'est le déverbal de *combattre* (fin XIe, du latin populaire *combattere*) : *Étudiants et travailleurs, même combat ! Journal de combat.* Le nom *combattant*, du participe présent de *combattre*, date du XIIe siècle. Il s'applique généralement à un guerrier, à un soldat, mais aussi parfois à une personne qui milite, qui lutte : *Madeleine Parent, combattante pour la justice sociale*.

Ajoutons un autre vieux mot français : ***action*** (milieu XIIe), issu du latin *actio* (de la famille de *agere* « agir ») et attesté d'abord comme terme religieux (sous la forme *accium*) dans *action de grâce… Action,* au sens général de « ce que fait quelqu'un » (*une bonne ou mauvaise action*), sert aussi à désigner l'exercice de la faculté d'agir et l'emploi de moyens pour arriver à une fin, d'où le sens particulier de « combat, lutte » dans des expressions comme *engager l'action, l'action politique, l'action directe*. L'adjectif *actif* « qui agit », emprunté au latin didactique *activus* (de la famille de *agere*) est également attesté au XIIe siècle. Mais ses dérivés *activisme* et *activiste* sont des créations du début du XXe siècle. Le nom ***activisme*** (vers 1910), qui s'est d'abord appliqué à une conception philosophique de l'action, sert surtout, depuis la Première Guerre mondiale, à désigner une forme d'action politique radicale et violente. Quant au terme ***activiste*** (vers 1917-1918), il concerne le partisan de l'activisme (*des activistes d'extrême droite*). Un autre mot de la même famille mérite d'être mentionné : le nom *réaction* (début XVIIe), emprunté au latin médiéval *reactio* « action opposée à une autre ». Terme scientifique à l'origine, ***réaction*** est employé, depuis la Révolution, pour désigner, en politique, un mouvement d'idées qui s'oppose au progrès social, aux changements issus des principes de la Révolution, d'où le terme péjoratif ***réactionnaire*** (1796) « qui exprime des idées de droite, qui s'oppose aux valeurs progressistes » : *un chroniqueur réactionnaire*. Le mot a été abrégé en ***réac*** au milieu du XIXe siècle.

Se *mobiliser* contre l'*immobilisme*... et sauver les *meubles*

Mobiliser et ***mobilisation*** sont des termes étroitement associés à l'action politique et syndicale, en particulier à l'idée de « lutte », de « combat ». Pourtant, ces mots, entrés en usage durant la deuxième moitié du XVIIIe siècle, ont d'abord appartenu au vocabulaire du droit financier (*mobiliser une créance*, c'est-à-dire « la céder moyennant un certain prix »). Il faut attendre les années 1830 pour que les deux mots passent dans le domaine militaire dans le sens de « mettre sur le pied de guerre » (*mobiliser des troupes, mobilisation générale*), puis par extension dans d'autres domaines de la vie sociale au sens de « faire appel à l'action d'un groupe » ou de « rassembler en vue d'une action » : *mobiliser les militants, mobiliser des énergies dans un projet, mobilisation syndicale*. Leurs antonymes ***démobiliser*** « renvoyer à la vie civile des soldats mobilisés » et ***démobilisation***, entrés en usage au XIXe siècle, ont été repris dans le domaine politique au cours des années 1960 dans le sens figuré de « priver de combativité » ou d'« empêcher de mobiliser » (*un sondage qui a pour effet de démobiliser les militants*). Deux autres adjectifs de la même famille, attestés vers le milieu du XXe siècle, ont connu la même évolution de sens : ***mobilisateur***, pris depuis le milieu des années 1960 dans le sens de « qui mobilise, pousse à l'action », et ***démobilisateur*** « qui entraîne une baisse de combativité » (*un discours mobilisateur, une stratégie démobilisatrice*).

Tous ces mots, de *mobilisation* à *démobilisateur*, sont des descendants directs de *mobiliser* qui signifie étymologiquement « faire bouger, mettre en mouvement » et qui remonte lui-même au mot *mobile*, emprunt savant au latin *mobilis* « qui se déplace, qui se meut », dérivé de *movere* « bouger ». Or le verbe latin *movere* et sa famille ont donné au français non seulement les verbes *mouvoir, émouvoir* et *promouvoir*, mais aussi quelques dizaines de mots (comme *mouvant, mouvementé* ou *émouvant*) dont certains appartiennent au vocabulaire des luttes sociales. Pensons à ***mouvement*** (fin XIIe) pris, depuis la période révolutionnaire (1790), dans le sens d'« action collective visant un changement social » (*le mouvement de grève prend de l'ampleur*). Pensons à ***émeute*** (XIIe, *esmuete* « mouvement, émoi », ancien participe passé d'*émouvoir*) « soulèvement populaire spontané ». On pourrait ajouter le terme ***immobilisme*** (vers 1835, d'*immobile*), nom désignant la disposition à refuser le progrès : *l'immobilisme gouvernemental*.

Mais il y a plus. Le terme ***mobile*** (début XIVe), qui a servi à former le verbe *mobiliser*, est le mot frère, le doublet[2] savant, de *meuble*, issu, par évolution

---

2. On appelle **doublet** une paire de mots de même origine étymologique dont l'un est entré dans la langue par voie populaire et l'autre

phonétique dans la langue populaire, du même mot latin, mais attesté dès le XIIe siècle sous la forme *mueble*. ***Meuble*** (XIIe), adjectif en ancien français, a d'abord le même sens que *mobile*, et sert, dans le langage du droit, à qualifier les biens « qui peuvent être déplacés », les *biens meubles* par opposition aux *biens immeubles*. Le mot s'applique aussi, dans l'usage courant, à un sol qui se laboure, qui se remue (*terre meuble*). Ce n'est que dans la deuxième moitié du XVIIe siècle que *meuble* (nom masculin) va être employé pour nommer un objet « mobile » servant à l'aménagement d'une habitation. Pourtant ce lien étymologique de *meuble* avec l'idée de « mobilité » n'est pas toujours perçu, surtout quand on dit d'une personne qu'elle *fait partie des meubles*... Notons aussi que, dans l'expression familière ***sauver les meubles*** (début XXe), le mot *meuble* est pris au sens figuré de « ce qui est indispensable, absolument nécessaire ». *Sauver les meubles* signifie donc « préserver l'essentiel » lors d'un échec, d'une défaite, d'un désastre : *sauver les meubles grâce à notre mobilisation.*

---

par voie savante. C'est le cas de centaines de mots français issus du latin : *hôtel/hôpital, sûreté/sécurité, raide/rigide, intègre/entier, blâmer/blasphémer,* etc. On appelle aussi doublet chacun des deux mots de même origine étymologique. On distingue alors le **doublet populaire** et le **doublet savant** (emprunt plus ou moins tardif au latin). Ainsi *mobile* (du latin *mobilis*) est le doublet savant de *meuble*.

L'*émeute* selon Victor Hugo

De quoi se compose l'émeute? De rien et de tout. D'une électricité dégagée peu à peu, d'une flamme subitement jaillie, d'une force qui erre, d'un souffle qui passe. Ce souffle rencontre des têtes qui pensent, des cerveaux qui rêvent, des âmes qui souffrent, des passions qui brûlent, des misères qui hurlent, et les emporte.

[...]

L'émeute est une sorte de trombe de l'atmosphère sociale qui se forme brusquement dans de certaines conditions de température, et qui, dans son tournoiement, monte, court, tonne, arrache, rase, écrase, démolit, déracine, entraînant avec elle les grandes natures et les chétives, l'homme fort et l'esprit faible, le tronc d'arbre et le brin de paille.

[...]

Si l'on en croit de certains oracles de la politique sournoise, au point de vue du pouvoir, un peu d'émeute est souhaitable. Système: l'émeute raffermit les gouvernements qu'elle ne renverse pas. Elle éprouve l'armée; elle concentre la bourgeoisie; elle étire les muscles de la police; elle constate la force de l'ossature sociale.

Victor Hugo, *Les Misérables*

Solidaires : *soudés* dans la lutte contre le pouvoir des gros *sous*

Les adjectifs *solidaire* et *soudé* sont non seulement « unis étroitement » par le sens, ils ont aussi une origine commune puisqu'ils remontent étymologiquement au latin *solidus* « solide ».

Le mot ***solidaire*** (milieu XVe) est formé à partir du latin juridique *in solidum* (du neutre de *solidus* « solide »), locution latine signifiant « solidairement », proprement « pour le tout ». *Solidaire* est à l'origine un terme de droit signifiant « commun à plusieurs personnes, chacune répondant du tout » et, par extension, « lié par obligation » (*un engagement solidaire, une responsabilité solidaire*). Passé dans l'usage courant durant la deuxième moitié du XVIIIe siècle, l'adjectif s'applique alors à des personnes liées par une responsabilité et des intérêts communs, à des personnes « unies solidairement » (*solidaire de ses camarades, partisan d'une économie solidaire*). Deux dérivés de *solidaire* ont connu la même évolution de sens : l'adverbe ***solidairement*** (fin XVe) « d'une manière solidaire » (*solidairement responsable, agir solidairement*) et le nom ***solidarité*** (fin XVIIe), employé couramment, depuis la Révolution, pour désigner le fait d'être solidaire, de s'aider, de se soutenir mutuellement (*solidarité syndicale, solidarité de classe*).

En ce sens, *solidarité* est à rapprocher de *fraternité* et d'*entraide*, et s'oppose absolument à *individualisme*. Les autres dérivés de *solidaire* sont plus récents : *se solidariser* (milieu XIXe) « se déclarer solidaire » et *se désolidariser* (début XXe) « cesser d'être solidaire ».

Quant à l'adjectif *soudé*, c'est le participe passé du verbe **souder** (*solder*, fin XIe), issu du latin *solidare* « rendre solide », dérivé de *solidus* « solide ». Dès l'ancien français, le verbe *souder* prend le sens de « joindre » ou « réunir par adhésion » (particulièrement en parlant des pièces métalliques) et, au figuré, celui d'« unir étroitement » des personnes, des choses. On le voit donc, les mots *solidaire* et *soudé* renvoient chacun à deux idées complémentaires, celle de « réunion, adhésion » et celle de « solidité », deux idées déjà présentes chez leur ancêtre commun *solidus* « massif, entier, ferme », qui, on l'a deviné, a donné l'adjectif **solide** (début XIVe).

Or, on trouve aussi, à côté de *solide*, deux autres mots issus, par des chemins différents, du même mot latin : *sou* et *solde*. Le mot **sou** (*solt*, fin XIe) vient du bas latin *sol(i)dus* « pièce d'or », substantivation de l'adjectif *solidus*. Qui aurait cru que *solidaire* et *(gros) sous*, termes opposés en apparence, appartiennent à la même famille ? Le nom féminin **solde** (XVe) est pour sa part un emprunt à l'italien *soldo*, nom masculin signifiant proprement « pièce de monnaie », issu lui aussi du bas latin *soldus*. La *solde* est, à l'origine, la paye versée aux soldats. Aussi, le

Solidaire ou *lucide* ?

Dans le contexte politique québécois, *solidaire* s'oppose aujourd'hui à *lucide*.

En effet, depuis la publication, à l'automne 2005, du manifeste *Pour un Québec lucide* d'abord, puis du manifeste *Pour un Québec solidaire*, les termes ***solidaire*** et ***lucide*** (fin xve, du latin *lucidus* « clair, lumineux », dérivé de *lux, lucis* « lumière ») sont devenus des appellations commodes et courantes pour désigner la gauche et la droite. Nous avons d'un côté les valeurs progressistes de la gauche *solidaire* (à commencer par une meilleure répartition des richesses) et de l'autre le « réalisme » de droite (notamment une plus grande ouverture au secteur privé, le remboursement de la dette et le dégel des droits de scolarité).

Mais *solidaire* et *lucide* ne sont pas nécessairement des antonymes : lors de la campagne électorale du printemps 2007, le parti Québec solidaire avait pour slogan *Soyons lucides, votons solidaire*.

nom *soldat* (fin xve), emprunté à l'italien *soldato* (de la famille de *solidus*), a-t-il d'abord désigné une sorte de mercenaire « à qui on paie une solde ».

Ajoutons, pour rester dans le domaine du soldat mercenaire et des sous, le terme ***soudoyer*** (*soldoier*, milieu XIIe), dérivé de *sold* ou *soud*, anciennes formes de *sou*. Le verbe est passé du sens d'origine de « payer une solde à (des soldats) » au sens moderne et péjoratif de « corrompre ». *Soudoyer*, c'est une manière de s'assurer le concours d'une personne en l'achetant avec de gros sous. Rien à voir avec la *solidarité*, malgré la parenté étymologique des deux mots.

Camarade indigné, contestataire et action *citoyenne*

Contrairement à *contestataire*, qui est une création moderne, *camarade, citoyen* et *indigné* sont des mots plus ou moins anciens qui ont pris, dans un contexte politique donné, un sens spécialisé lié à l'idée d'« action politique », de « contestation ».

À l'instar de *compagnon* (fin XIe), issu du latin populaire *companio, onis* (composé de *cum* « avec » et de *panis* « pain ») et signifiant proprement « qui mange son pain avec », *camarade* remonte à l'idée de « partage ». Mais ici, c'est une chambre qu'on partage. *Camarade* (XVIe) est un emprunt à l'espagnol *camarada* « chambrée », de *camara* « chambre » (du latin *camera*). *Camarade* est à l'origine un nom (féminin) du vocabulaire militaire désignant une chambrée de soldats – sens disparu au XVIIe siècle – avant de s'appliquer, par glissement de sens, au compagnon de chambrée lui-même. En français moderne, *camarade*, dont le lien avec l'idée de « chambre » s'est complètement effacé, a un sens proche de *compagnon*. Dans un contexte politique, *camarade* est devenu, à la fin du XIXe siècle, l'appellation des membres des partis socialistes et communistes et de syndicats de gauche.

Le terme ***citoyen*** est dérivé de *cité*, d'abord sous la forme *citeain* (XIIe), puis sous la forme *citoien* (milieu XIIIe). Adjectif en ancien français, le mot s'applique, jusqu'au XVIIe siècle, à la personne « qui appartient à la ville ». Au siècle des Lumières, le nom *citoyen* se répand d'abord dans le sens de « personne civique » (milieu XVIIIe), puis, sous la Révolution, comme appellatif remplaçant monsieur, madame, titres désormais associés à l'Ancien Régime. L'adjectif *citoyen, citoyenne* fait un retour remarqué dans l'usage actuel dans le sens de « relatif à l'action civique, à l'espace public », à mettre en lien avec une certaine conception de la démocratie participative (par opposition à la démocratie représentative qui s'exerce tous les quatre ans). On parle alors de *prise de parole citoyenne*, d'*assemblée citoyenne*, etc.

Le verbe ***contester*** (milieu XIVe, du latin *contestari*) au sens de « mettre en discussion un droit » et le nom ***contestation*** (fin XIVe, du latin *contestatio*) ont longtemps appartenu au vocabulaire juridique. Ce n'est que depuis les événements de mai 1968 que le verbe *contester*, utilisé sans complément, a pris le sens de « remettre en question l'ordre établi », et que le mot *contestation* s'applique à l'attitude de remise en cause des valeurs en place, au refus de l'idéologie dominante (*la contestation étudiante*). D'où le mot ***contestataire*** servant, depuis 1968, à désigner la personne qui conteste, qui s'oppose par la contestation.

Les indignés du « Mouvement des indignés » sont en quelque sorte les contestataires de l'année 2011.

Le verbe *indigner* (XIVe, du latin *indignari*, de la famille de *dignus* « digne ») et le nom *indignation* (XIIe, du latin *indignatio*) sont tous deux des emprunts savants au latin. L'adjectif *indigné* (XIVe), du participe passé d'*indigner*, sert depuis toujours à qualifier la personne qui éprouve de l'indignation provoquée par une situation injuste ou révoltante. Le nom ***indigné*** (2011), inspiré par le titre du manifeste *Indignez-vous !*, écrit par l'ancien résistant et diplomate français Stéphane Hessel et publié en octobre 2010, s'applique à celui, à celle qui exprime son indignation, sa colère, voire sa révolte, contre une situation sociale injuste. Dans son manifeste, Hessel (alors âgé de 93 ans) en appelle au « devoir d'indignation » et à l'« insurrection pacifique ».

Insurgés, aux *barricades* !

Insurgé : ce mot somme toute assez recherché est particulièrement apprécié des révolutionnaires d'hier et d'aujourd'hui. L'écrivain engagé Jules Vallès (1832-1885), par exemple, en a fait le titre du troisième tome de sa trilogie de Jacques Vingtras. L'action de *L'Insurgé*, paru en 1886, se situe à l'époque de la Commune de Paris, avec ses barricades, ses combattants et ses milliers de morts. Le roman est d'ailleurs dédié

Aux morts de 1871
À tous ceux
qui, victimes de l'injustice sociale,
prirent les armes contre un monde mal fait
et formèrent
sous le drapeau de la Commune
la grande fédération des douleurs.

L'insurgé, c'est aussi le titre d'un poème d'Eugène Pottier (auteur de *L'Internationale*) écrit deux ans plus tôt, en 1884, et dont voici un court extrait :

Devant toi, misère sauvage
Devant toi, pesant esclavage,
L'insurgé
Se dresse, le fusil chargé !

[...]

On peut le voir aux barricades
Descendre avec les camarades,
Riant, blaguant, risquant sa peau.

Mais le mot est encore estimé de nos jours. À preuve, un bulletin politique, publié en France, dédié à « une organisation révolutionnaire de la jeunesse », porte aujourd'hui ce nom. Le bulletin *L'insurgé* a consacré plusieurs pages au mouvement étudiant québécois du printemps 2012.

Le nom *insurgé* vient du verbe pronominal ***s'insurger*** (fin XIVe, *soy insurger*), emprunt au latin *insurgere* « se dresser, se lever contre », formé de l'élément *in* « en, dans » et de *surgere* « se mettre debout » (qui a donné *surgir*). Le verbe, qui date pourtant du Moyen-Âge, n'est entré dans le vocabulaire de l'action politique qu'assez tardivement. Terme savant d'usage rare, *s'insurger* au sens de « se soulever contre l'autorité, contre le pouvoir établi » n'est repris qu'à la fin du XVIIIe siècle, durant la période révolutionnaire, sous l'influence de l'anglais *insurgent* (de même origine) qui s'appliquait aux colons américains « insurgés » contre l'Angleterre. *S'insurger*, c'est proprement « se mettre debout », « se dresser » contre l'oppression, contre l'injustice. Le participe passé ***insurgé*** est employé comme adjectif (*les populations insurgées*) puis comme nom vers 1790. C'est un synonyme de *rebelle*. On appelle *insurrection* l'action de s'insurger, de se révolter contre le pouvoir établi. À l'instar du verbe *s'insurger*, le nom ***insurrection*** (XIVe, du bas latin *insurrectio*, de *insurgere*) est d'usage rare avant le XVIIIe siècle.

⋆

Dans l'extrait du poème cité plus haut, Pottier écrit, à propos de l'*insurgé*, qu'on peut le voir « aux barricades ». La barricade, obstacle formé de divers objets entassés pour se protéger lors de combats de rues, est historiquement associée au soulèvement populaire, à l'insurrection. Aussi le pluriel *barricades* est-il employé pour parler d'un soulèvement, d'une révolution au cours desquels on a dressé des barricades : *la Journée des barricades* (en 1835), *les barricades de Mai 68*.

Le nom ***barricade*** (milieu XVIe) vient, par l'intermédiaire du moyen français *barriquer* « fermer avec des barriques », du mot *barrique* (milieu XVe), emprunté au gascon *barrica* « tonneau » (de la même famille que *baril*). On l'aura compris, les barricades étaient faites, à l'origine, avec des barils. Ce lien étymologique de *barricade* avec *barrique* n'est évidemment plus perçu. Il en va de même du verbe *barricader*, aujourd'hui rattaché à *barrer* « fermer solidement » plutôt qu'à *barricade*. Ajoutons qu'on trouve le mot *barricade*, pris au figuré, dans deux locutions courantes : *monter aux barricades* « s'engager dans une action, une lutte » et *être de l'autre côté de la barricade* « être dans le camp adverse ».

Grande *manifestation* (divine ?)

Manifester et *manifestation* : ces deux mots, qui nous viennent du latin ecclésiastique, ont connu une évolution de sens pour le moins étonnante, passant du sens de « révélation divine » dans la religion chrétienne à celui de « démonstration collective de protestation » dans le vocabulaire de la lutte des classes.

Le verbe ***manifester*** (milieu XIIe) est un emprunt savant au latin *manifestare* « montrer, faire connaître », lui-même dérivé de *manifestus* « que l'on peut saisir », qui a donné en français l'adjectif *manifeste* (fin XIIe) « patent » et l'adverbe *manifestement* (fin XIIe). *Manifester* a d'abord été employé, comme terme religieux, à propos du Christ « se révélant » aux hommes. Mais, dès le XIVe siècle, le verbe s'emploie transitivement, dans l'usage courant, dans le sens de « faire connaître publiquement » et, par extension, de « montrer, exprimer » (*manifester sa surprise, son indignation*). La forme pronominale *se manifester*, déjà usitée au XIIIe siècle, prend selon le contexte le sens de « se révéler » ou celui de « se montrer, apparaître » (*la volonté de Dieu qui se manifeste, une maladie infantile qui se manifeste par de petits boutons*). Quant au verbe intransitif *manifester*, pris dans le sens de « participer à une démonstration collective publique », il n'est entré en usage que durant la deuxième moitié du XIXe siècle. Le premier à l'employer, en 1868, est l'écrivain et journaliste révolutionnaire Jules Vallès, auteur de *L'Insurgé* et fondateur de journaux engagés (*La Rue, Le Cri du peuple*).

À l'instar du verbe *manifester*, le nom ***manifestation*** (début XIIIe), emprunté au latin ecclésiastique *manifestatio* « révélation », s'est d'abord appliqué à la manière par laquelle Dieu se manifeste, se rend perceptible. Il faut attendre le milieu du XVIIIe pour que le mot soit employé au sens d'« action et manière de manifester un sentiment, une opinion » (*une manifestation d'agacement*), d'où, par extension, vers 1850, le sens de « rassemblement collectif organisé en vue d'exprimer publiquement une opinion politique » (*manifestation contre la guerre en Iraq, manifestation contre la hausse des droits de scolarité*). Pris dans ce sens, *manifestation* est abrégé familièrement en ***manif*** (milieu XXe). Notons que le terme ***manifestant*** (du participe présent de *manifester*), qui sert à désigner la personne qui prend part à une manifestation, date également de 1850 (*des manifestantes qui se déclarent « mères en colère contre la hausse »*).

Au moment où se déploient, au milieu du XIXe siècle, les premières démonstrations collectives de protestation appelées *manifestations*, s'organisent déjà parfois d'autres démonstrations politiques qui leur sont hostiles et qui visent à leur faire échec : les termes ***contre-manifestation, contre-manifester*** et ***contre-manifestant*** sont entrés en usage vers 1865-1870.

Un *manifeste*

Le nom masculin *manifeste* (fin XIVe), au sens de « déclaration écrite et publique » dans laquelle un parti, un regroupement politique (ou syndical) ou un mouvement artistique expose ses idées, ses positions, son programme, est un emprunt à l'italien *manifesto*, de même origine que *manifester* : le *Manifeste du Parti communiste* de Marx et Engels (1848), le manifeste automatiste *Refus global* (1948).

Le 12 juillet 2012, la Coalition large de l'Association pour une solidarité syndicale étudiante (CLASSE) lançait un manifeste intitulé *Nous sommes avenir*. En voici un extrait :

> Si nous avons choisi la grève, si nous avons choisi de nous battre pour ces idées, c'est pour créer un rapport de force, seul mécanisme nous permettant de peser dans la balance. Ensemble, nous sommes capables de beaucoup : mais il nous faut parler, et il nous faut parler fort. L'histoire démontre, de façon éloquente, que si nous choisissons l'espoir, la solidarité et l'égalité, nous ne devons pas quémander, nous devons prendre. Voilà ce qu'est le syndicalisme de combat. Alors que partout fleurissent de nouveaux espaces

démocratiques, il faut les utiliser pour constamment penser un monde nouveau. Nous ne versons pas dans la déclaration de principes, mais dans l'action : si nous faisons aujourd'hui un appel à la grève sociale, c'est pour rejoindre demain l'ensemble de la population québécoise dans la rue.

Ensemble, construisons à nouveau.
Nous sommes avenir.

Occupons, occupez, occupation : d'action militaire à action militante

Occuper (fin XIIe) est un emprunt au latin *occupare* « s'emparer de », composé de l'élément *ob-* « devant, en face, à l'encontre » (élément présent dans des mots comme *obliger, opprimer*) et de *capere* « prendre » (qui a donné les mots *capter, captif, capture, chasser*, etc.). Le verbe est d'abord attesté, aux XIIe et XIIIe siècles, dans le sens d'« employer à » qu'on retrouve déjà, au début du XIVe siècle, dans la forme pronominale *s'occuper à* « s'employer à, travailler à ». Puis, au cours du XIVe siècle, *occuper* est pris dans le sens (proche de celui du latin *occupare*) de « remplir un espace », en particulier de « prendre possession d'un lieu » dans un contexte militaire : *occuper une ville, un pays*, c'est-à-dire l'envahir et le soumettre à une occupation militaire.

En mai et juin 1936, lors de la grève générale qui, au lendemain de la victoire du Front populaire, secoue la France, des travailleurs occupent les usines : par un curieux retournement de situation, ce sont les patrons qui doivent plaider pour connaître les revendications ouvrières et engager des négociations... Pour la première fois dans l'histoire des luttes ouvrières, le verbe *occuper* « prendre possession d'un lieu, s'y installer » se rapporte à un lieu de travail : *le 28 mai, les grévistes occupent l'usine Renault*. Un peu plus de trente ans plus tard, en mai 1968, ce sont les étudiants cette fois qui occupent des bâtiments universitaires et des lycées. Beaucoup plus près de nous, en septembre et octobre 2011, un vaste mouvement de protestation dénonçant le pouvoir du monde financier, mais aussi l'accroissement des inégalités et le chômage, s'organise dans plusieurs villes du monde. C'est le mouvement « Occupons… », commencé à New York avec Occupons Wall Street (l'occupation pendant plusieurs semaines du parc Zuccotti renommé Liberty Square) et repris par les indignés d'un peu partout dans le monde, en Grèce, en Espagne, au Portugal, en Italie, en France, et ici, au Québec, avec Occupons Québec et Occupons Montréal (le square Victoria, rebaptisé place du Peuple, transformé en vaste campement d'opposition). Le point commun de tous ces mouvements : les gens descendent dans la rue, protestent, dénoncent, discutent et se réapproprient l'espace public.

Le nom ***occupation*** (fin XIIe, du latin *occupatio*), pris au sens étymologique de « prise de possession » (et non d'« activité »), a connu, à partir du XVIe siècle, sensiblement la même évolution sémantique que le verbe *occuper*. Le mot est passé du sens d'« action de se rendre maître d'un territoire par les armes » (spécialement quand il s'agit de l'Occupation, période de 1940-1944 pendant laquelle la France a été occupée par les troupes allemandes) à celui de « fait d'occuper illégalement un lieu » lors d'une grève ou d'une action de protestation : *une occupation d'usine, l'occupation des cégeps, l'occupation du bureau d'un ministre.*

De la *résistance*, de l'*opposition* et de la *dissidence*

Résister et *résistance* sont des termes savants attestés dès le XIIIe siècle, mais il faut attendre le XVIe siècle pour que les deux mots s'appliquent à l'action politique de s'opposer à un pouvoir établi.

Résister (milieu XIIIe) est un emprunt au latin *resistere* « s'arrêter, faire obstacle à », formé de l'élément *re-* indiquant le renforcement et de *sistere*[3] « tenir place, s'arrêter ». Le verbe *résister*, bien avant de s'appliquer à une chose qui se maintient, qui ne cède pas à l'action d'une force extérieure, ou à un être vivant qui endure ou supporte les effets d'une action pénible, a été employé, à partir du XIVe siècle, à propos d'une personne, dans le sens de « s'opposer à une contrainte » et dans celui de « se défendre, s'opposer par la guerre », d'où, par extension, le sens de « refuser de se soumettre, se rebeller » au milieu du XVIe siècle.

Comme le verbe, le nom ***résistance*** (*resistence*, fin XIIIe) s'emploie, depuis le XVIe siècle, pour désigner l'action de s'opposer, de refuser d'obéir, de tenir tête à un pouvoir établi. On distingue alors la *résistance passive*, non violente par définition,

---

3. On retrouve le verbe latin *sistere* dans plusieurs verbes français comme *désister, persister* ou *subsister.*

c'est-à-dire le refus d'obéir, et la *résistance active*, la rébellion, l'insurrection. Depuis la Deuxième Guerre mondiale, le mot s'applique (généralement avec une majuscule) à l'action de s'opposer à l'occupation du pays par des troupes étrangères – notamment à l'opposition organisée à l'occupation de la France par les Allemands : *les combattants de la Résistance*. Depuis les années 1950, le mot sert aussi à désigner tous les mouvements de résistance dans un territoire occupé (*la résistance palestinienne*) ou encore les mouvements d'opposition à un régime autoritaire (*la Résistance au régime franquiste en Espagne, au régime de Salazar au Portugal*).

Mais le terme *résistance* a pris d'autres valeurs encore, des valeurs proches de « lutte » ou d'« opposition ». Ainsi, au Québec, à la fin des années 1960, est organisée la tournée d'un spectacle de soutien à Pierre Vallières et Charles Gagnon, emprisonnés pour leurs activités au sein du Front de libération du Québec (FLQ) : *Poèmes et chansons de la Résistance*. C'est lors de ce spectacle de *résistance* à l'oppression nationale que le poème *Speak White* de Michèle Lalonde est récité pour la première fois. Ajoutons que, pendant le printemps québécois de 2012, de nombreux observateurs ont souligné le fait que, de coalition opposée à la hausse des frais de scolarité, le mouvement des carrés rouges est rapidement devenu un vaste mouvement de *résistance* aux politiques néolibérales, à l'alliance du pouvoir politique et de l'argent.

L'adjectif puis le nom ***résistant*** (milieu XIVe, du participe présent de *résister*) a d'abord servi à qualifier une chose, un objet matériel, qui est solide, qui « résiste » à une force extérieure (*un matériau résistant*) ou un être vivant qui est fort et endurant (*une femme résistante*).

C'est dans le contexte de l'Occupation que le terme *résistant* a servi à désigner une personne appartenant à la Résistance (*une résistante de la première heure*), une personne qui s'oppose à l'occupation de son pays – et, par extension, la personne appartenant à une organisation clandestine en lutte contre un régime autoritaire, oppressif (*un résistant catalan sous le franquisme*). Par extension encore, *résistant* s'applique aussi, dans le discours militant, à une personne qui lutte, qui résiste au pouvoir établi, à un combattant : *une vieille dame et son compagnon se sont mêlés à la foule résistante, les derniers résistants.*

★

Résister, on vient de le voir, c'est refuser de se soumettre, c'est s'opposer. Le mot ***opposer*** (fin XIIe) est un emprunt au latin *opponere* « placer contre » et « faire objection », qui a été adapté en français sur le modèle de *poser* (issu d'un autre mot latin). Le verbe *opposer*, qui signifie d'abord « objecter », prend très tôt (au XIIIe siècle) le sens de « faire opposition », d'où, à la fin du XVe siècle, le sens de « faire obstacle », de « résister », notamment à la forme pronominale *s'opposer*. Le participe présent d'*opposer* a donné l'adjectif ***opposant, opposante***, employé en droit, au milieu du XIVe siècle, pour qualifier la personne « qui s'oppose », la partie « adverse » (*la partie opposante*), et le nom *opposant* (milieu XVe), qui sera utilisé trois siècles plus tard (vers 1750) comme terme politique pour désigner les personnes qui s'opposent au pouvoir, aux dirigeants : *les opposants au régime, une opposante iranienne.*

Pour ce qui est du nom ***opposition***, attesté comme *opposer* à la fin du XIIe siècle, c'est un terme savant calqué sur le latin *oppositio* « obstacle, contraste », du latin *apponere*. À l'instar d'*opposer* « objecter », le terme *opposition* est employé à l'origine dans le sens d'« objection » ; mais le mot va bientôt prendre d'autres sens, celui de « rapport de choses opposées, antagonisme » au XIIIe siècle, puis, au début du XVIe siècle, celui d'« action de lutter contre, de résister » (*de l'opposition systématique*). Notons que le mot *opposition*, au sens de « l'ensemble des partis qui s'opposent au groupe parlementaire qui forme le gouvernement », a été emprunté à l'anglais *opposition* (d'origine française)[4] au milieu du XVIIIe siècle : *une motion de l'opposition.*

---

4. Le mot *opposition* fait partie des nombreux termes du vocabulaire politique et institutionnel empruntés à l'anglais au cours du XVIIIe siècle. Chose frappante, la plupart de ces mots anglais avaient été empruntés au français au Moyen-Âge : *budget, majorité* et *minorité, motion, parlement* (de l'ancien français *parlement* « entretien »), *pétition,* etc.

★

Dissidence et *dissident* sont deux autres mots servant à exprimer l'idée d'opposition à un régime politique et à son idéologie. Les deux mots, bien qu'ils étaient attestés comme termes savants au cours du XVIe siècle, ne sont entrés dans l'usage plus courant qu'au XVIIIe siècle.

Dissident (milieu XVIe) est un emprunt au latin *dissidens*, participe présent de *dissidere* « être en désaccord », formé de l'élément *dis-* (exprimant la séparation) et de *sedere* « s'asseoir, se tenir ». Étymologiquement parlant, *dissident* signifie donc « qui se tient éloigné ». Le mot savant a d'abord été utilisé en médecine dans le sens de « disjoint ». Puis, vers le milieu du XVIIIe siècle, le mot commence à être employé dans un sens proche du sens moderne pour qualifier la personne qui professe une religion autre que la religion officielle. Depuis le milieu du XXe siècle, le mot, désormais passé dans le vocabulaire politique, sert surtout à désigner la personne qui exprime des opinions qui s'opposent à l'idéologie officielle d'un régime politique autoritaire. Dans les années 1960 et 1970, le mot s'appliquait plus spécialement aux opposants des régimes politiques des pays du bloc soviétique : *un scientifique russe dissident, un dissident polonais, un écrivain tchèque dissident*. Par extension, le mot désigne aujourd'hui les opposants de tous les régimes autoritaires : *un dissident chinois, la dissidente birmane Aung San Suu Kyi, un dissident* *iranien condamné à quatorze ans de pénitencier.* Le nom ***dissidence***, emprunté au latin *dissidentia*, a connu la même évolution de sens. Il s'applique généralement à la critique de l'ordre établi, à la contestation du régime en place et de son idéologie.

Front (uni) : s'unir et *faire front*

L'expression *front uni*, nom donné à une coalition de partis ou de groupes politiques proposant un programme commun, est une création des années 1930. *Front* « partie du visage » est un mot beaucoup plus ancien, attesté dès la fin du XIe siècle dans la *Chanson de Roland*. C'est pourtant le même mot, un mot qui a connu, depuis l'ancien français, des développements sémantiques assez étonnants.

Front (vers 1080) vient du latin *frons, frontis*, mot désignant déjà en latin la partie supérieure du visage, mais aussi le devant d'une chose, sa partie antérieure, spécialement dans le domaine militaire : la limite avant de la zone de combat. Le mot *front* reprend, dès l'ancien français, ces deux sens de « partie de la tête » (fin XIe) et de « troupe en ordre de bataille face à l'ennemi » (milieu XIIe). *Front* « partie du visage », employé au figuré, sert aussi à désigner l'air ou l'expression d'une personne (*front soucieux, front buté*) et parfois aussi la volonté, voire l'audace. En témoignent des expressions comme *baisser le front* « se soumettre », *relever le front* « résister », *avoir le front de* « avoir l'audace ou l'insolence de » et *avoir du front tout le tour de la tête* (au Québec) « avoir de l'audace, être effronté ». En témoigne aussi le mot ***effronté*** (fin XIIIe), un dérivé de *front* signifiant étymologiquement « sans front (pour rougir) », c'est-à-dire « qui n'a honte de rien ».

Mais *front* « ligne des positions occupées face à l'ennemi » a aussi été repris dans quelques locutions comme *faire front* « affronter, tenir tête » et *attaquer, prendre de front* « directement, de face ». Deux dérivés de *front* « zone de combat » méritent également d'être signalés : *frontière* (XIIIe) qui désignait le front d'une armée en ancien français, et *affronter* (milieu XIIe) qui signifiait étymologiquement « frapper sur le front (pour abattre) » et, au figuré, « aller au-devant d'un adversaire, d'un danger, d'une difficulté ». *Affronter* a aussi eu, en ancien français, le sens de « couvrir de honte », sens disparu depuis longtemps, mais qu'on retrouve pourtant dans le déverbal *affront* (milieu XVIe).

Du mot *front* pris dans un contexte militaire vient, par analogie, le terme *front (uni)* employé, depuis le début des années 1930, pour désigner l'alliance, l'union de partis politiques, de groupes (parfois de syndicats) s'accordant sur des revendications communes ou sur un programme commun. Dans les années 1930, on appelle *front uni* une coalition de partis de gauche visant à barrer la route au fascisme. C'est la stratégie du front uni qui a conduit à la création du Front populaire (alliance de communistes, de socialistes et de radicaux) qui a gouverné la France de mai 1936 à avril 1938, et à celle du Frente popular espagnol élu en février 1936 – qui a dû très tôt faire face à l'insurrection militaire dirigée par le général Franco et soutenue par l'Allemagne nazie et l'Italie fasciste. Le mot est repris sous l'Occupation : le mouvement de résistance créé en mai 1941 à l'instigation des communistes prend le nom de Front national. Puis le mot s'applique, toujours avec l'idée d'« alliance », de « bloc », à des mouvements de libération nationale (le Front de libération nationale en Algérie) ou à des coalitions circonstancielles comme le Front commun syndical du secteur public au Québec (en 1972 et en 1976 notamment). En 2012, lors des législatives françaises, des candidats de diverses tendances de gauche se présentent sous la bannière du Front de gauche (alliance créée en 2008). En 2012 toujours, mais au Québec cette fois, des militants et intellectuels lancent un appel au *front uni* des forces souverainistes et progressistes en vue de l'élection générale de septembre.

Mais le mot *front* n'est pas nécessairement associé à la gauche. Ainsi, lors des élections de 1936 en Espagne la coalition de gauche appelée Front populaire affrontait le Front national regroupant tous les partis de droite. Front national – nom, on l'a vu plus haut, d'un mouvement de résistance sous l'Occupation – est aussi le nom du parti politique français d'extrême droite créé en 1972…

Front rouge (1931)

Avec *Front rouge*, long poème de Louis Aragon publié en novembre 1931, au moment où l'auteur s'apprête à rompre avec le groupe surréaliste et à adhérer au Parti communiste, on revient au sens proprement militaire de *front* « troupe rangée face à l'ennemi », mais dans le contexte de la lutte des classes.

Le texte vaut à l'auteur d'être poursuivi (en janvier 1932) pour incitation des militaires à la désobéissance, provocation au meurtre et propagande anarchiste, délits passibles de cinq ans de pénitencier. Aussitôt un texte rédigé par André Breton, qui deviendra une pétition appuyée par trois cents écrivains et intellectuels, prend la défense de l'accusé : le poème d'Aragon relève du langage poétique (de l'exercice de style ?) et ne peut en aucun cas être jugé sur son sens littéral, sur son contenu immédiat… Les poursuites seront abandonnées plus tard, moins en raison des arguments avancés par Breton que du contexte sociopolitique des années 1930 en France (crise économique, instabilité politique, grèves). Extraits de *Front rouge* :

Paris il n'y a pas si longtemps
que tu as vu le cortège fait à Jaurès

et le torrent Sacco-Vanzetti
Paris tes carrefours frémissent encore de toutes leurs narines
Tes pavés sont toujours prêts à jaillir en l'air
Tes arbres à barrer la route aux soldats
[...]
Pliez les réverbères comme des fétus de paille
Faites valser les kiosques les bancs les fontaines Wallace
Descendez les flics
Camarades
descendez les flics
Plus loin plus loin vers l'ouest où dorment
les enfants riches et les putains de première classe
Dépasse la Madeleine Prolétariat
Que ta fureur balaye l'Élysée
Tu as bien droit au Bois de Boulogne en semaine
Un jour tu feras sauter l'Arc de triomphe
Prolétariat connais ta force
connais ta force et déchaîne-la
[...]

Syndicalisme de combat : petite histoire du (mot) *syndicat*

Personne ou presque n'ignore ce qu'est un syndicat. Mais peu de gens savent que le mot *syndicat* est bien plus ancien que le regroupement de travailleurs qu'il sert aujourd'hui à désigner.

Le terme *syndicat* est dérivé du nom masculin *syndic* (XIVe), terme savant emprunté au latin ecclésiastique *syndicus* « représentant, délégué », lui-même emprunté au grec *sundikos* « celui qui assiste quelqu'un en justice ». En français, *syndic* est un terme du vocabulaire juridique puis administratif désignant, au fil des siècles, diverses fonctions de représentants chargés de défendre les intérêts d'une communauté. En droit commercial, le nom s'applique, depuis le XVIIIe siècle, à un représentant des créanciers lors d'une faillite : *un syndic de faillite*.

Le nom ***syndicat*** (vers 1475) désigne à l'origine la fonction de syndic, sa durée, et ce jusqu'au début du XIXe siècle, époque où le mot prend le sens, aujourd'hui courant, d'« association de défense d'intérêts communs » et plus particulièrement (avec la progression du mouvement ouvrier) celui d'« association ou regroupement de salariés, d'ouvriers » (vers 1840). L'adjectif et nom ***syndiqué*** « qui fait partie d'un syndicat » date de la fin du XIXe siècle.

L'adjectif ***syndical***[5] (XVIe), dérivé de *syndic*, a connu une évolution de sens parallèle à celle de *syndicat*, passant du sens de « relatif à un syndic » à celui de « relatif à un syndicat de travailleurs » : *la mobilisation syndicale, les dirigeants syndicaux*. De *syndical* (au sens moderne) sont dérivés les termes ***syndicalisme*** (fin XIXe) « le mouvement syndical, l'action sociale et politique des syndicats », ***syndicaliste*** (fin XIXe) « qui joue un rôle actif dans un syndicat », et ***syndicalisation*** (années 1960).

Au Québec, durant les années 1940, 1950 et 1960, et même après, on appelait souvent les syndicats des « unions[6] », mot calqué sur l'anglais *union* (emprunté à l'ancien français) dans *trade union* (« syndicat de métier ») et dans *labor union* (« syndicat de travailleurs »). Cet emprunt à l'anglais est compréhensible : à l'époque, plus des deux tiers des syndiqués québécois et canadiens étaient membres d'« unions internationales », de centrales syndicales américaines qui le plus souvent pratiquaient un syndicalisme d'affaires, un syndicalisme corporatiste, appelé justement *trade-unionisme*. La militante Madeleine Parent a d'ailleurs mené, durant ces années, une importante lutte contre les « unions internationales » (au Québec et en Ontario

5. Le mot *syndical* (écrit *sindiqual*) a d'abord été attesté comme nom masculin (au XIVe siècle) au sens de « procès-verbal ».

6. On se souviendra du fameux monologue d'Yvon Deschamps *Les unions, qu'ossa donne* (1968).

notamment) et en faveur de la « canadianisation » des syndicats.

Dans son manifeste *Nous sommes avenir* publié en juillet 2012, la CLASSE associe clairement son action – la grève et les manifestations – au « syndicalisme de combat ». Or le *syndicalisme de combat* (d'aucuns préfèrent parler de *syndicalisme de lutte de classe*) s'oppose non seulement au syndicalisme d'affaires, corporatiste et bureaucratique, il s'oppose aussi à ce qu'on appelle chez nous le *syndicalisme de boutique*, celui qui est pratiqué par des « syndicats » réactionnaires, contrôlés par les patrons et, bien sûr, non affiliés à une centrale.

Grève ou *boycottage* ?

Le mouvement de contestation du printemps 2012 était-il une *grève,* comme l'affirmaient les organisations étudiantes, ou un simple *boycottage*, comme l'ont prétendu les ministres du gouvernement libéral ? *Grève* et *boycottage* : voici deux mots qui tirent leur origine de noms propres et qui sont entrés en usage au cours du XIXe siècle.

Le mot *grève* (milieu XIIe) au sens de « terrain plat situé au bord d'un cours d'eau ou de la mer » descend du latin populaire *grava* « sable, gravier », mot d'origine gauloise. Du mot *grève* provient, dès le milieu du XIIIe siècle, le nom de la *place de Grève*, située au bord de la Seine à Paris (aujourd'hui place de l'Hôtel-de-Ville), où longtemps ont eu lieu les exécutions et où, dès le début du XIXe siècle, les ouvriers sans travail avaient l'habitude de se réunir dans l'espoir d'être embauchés. C'est pourquoi ***être en grève*** a le sens (jusqu'en 1845 environ) d'« attendre de l'ouvrage sur la place de Grève » ou encore de « chercher du travail ». C'est vers 1845-1850 qu'on assiste à un glissement de sens de *grève* « absence de travail » à *grève* « cessation concertée et collective du travail ». C'est à la même époque qu'apparaît le mot ***gréviste*** dans le sens de « personne qui prend part à une grève ». Ajoutons que le mot *grève* s'applique, par extension, à l'arrêt collectif d'une activité à des fins de revendication ou de protestation: *la grève des étudiants, une grève des détenus dans une prison.*

Le *boycottage* – l'action de *boycotter* – est une forme de protestation qui consiste en une mise en quarantaine, en un interdit prononcé contre un individu, une entreprise, une organisation ou même un pays. Par extension, il peut s'agir aussi du refus de participer à un événement politique, sportif, culturel ou autre : *le boycottage des élections, le boycottage des Jeux olympiques*. Le verbe **boycotter** (1880), emprunté à l'anglais *to boycott*, ne vient pas de celui qui a imaginé cette mesure de représailles, mais plutôt de celui qui, le premier, en fut l'objet : Charles Cunningham Boycott, grand propriétaire terrien en Irlande, mis en quarantaine par les fermiers de ses domaines, en 1880, parce qu'il refusait de baisser le coût des loyers. Le verbe *boycotter* (comme l'anglais *to boycott*) s'est répandu dans l'usage dès 1880 grâce à la grande presse. Le nom **boycottage** a fait son entrée en français en 1881 ; il est toutefois concurrencé par le terme *boycott* (fin XIXe), emprunté directement à l'anglais.

Si, comme les ténors du gouvernement, on considère l'éducation comme un produit, un bien matériel, et les étudiants comme des clients ou des consommateurs, il va de soi qu'on va préférer le terme *boycottage* au mot *grève*, jugé trop subversif. Ainsi, on « boycotte » les cours comme on boycotte une marque de chocolat.

Du *piquetage*, des *scabs* et le *brasse-camarade* qui s'ensuit[7]

En France et dans la plupart des pays francophones, on appelle *piquet de grève* un regroupement de grévistes placés aux abords d'un lieu de travail pour en interdire l'accès. *Piquet* (de grève) vient d'un emploi particulier du mot ***piquet*** (fin XIVe, dérivé de *piquer*) désignant un petit pieu, un bâton pointu destiné à être planté en terre[8]. Le piquet peut servir à fixer un objet (*un piquet de tente*) ou à attacher un animal (*mettre son cheval au piquet*). En groupe, les piquets servent aussi à marquer un alignement, à tracer des points de repère. Il se peut que le syntagme ***piquet de grève*** (XIXe) découle, par analogie, de cet alignement de « piquets humains » formant une barrière à l'entrée d'un lieu de travail. Mais il y a une explication complémentaire. Au XVIIIe siècle, *piquet* « pieu servant à attacher les chevaux » a aussi pris le sens, dans le domaine militaire, de « groupe de cavaliers prêts à partir » (dont les chevaux sont au piquet) et, par extension, celui de « détachement de soldats », d'où,

7. Ce texte reprend en partie une rubrique de mon livre *Histoires de mots solites et insolites* (Éditions du Septentrion, 2011).

8. L'expression *raide comme un piquet* date du XVIIe siècle.

par analogie, le sens de « détachement de grévistes » manifestant aux abords d'une usine.

Au Québec, le syntagme *piquet de grève* est compris, mais peu usité. On emploie plutôt les termes *piquetage, piqueter* et *piqueteur*, tous des dérivés de *piquet* (de grève) attestés vers 1930. Le nom ***piquetage*** s'applique chez nous à une manifestation de grévistes, à l'action de prendre part à un piquet de grève : *une ligne de piquetage étanche, faire du piquetage dès le lever du jour*. Faire du piquetage, monter des piquets de grève se dit aussi ***piqueter*** (verbe intransitif) : *piqueter pendant trois heures*. Enfin, on appelle ***piqueteur*** et ***piqueteuse*** celui ou celle qui participe au piquetage, au piquet de grève : *une loi spéciale qui limite à cinq le nombre de piqueteurs.*

Les briseurs de grève sont les travailleurs qui refusent de faire la grève lorsque celle-ci a été décidée par la majorité ou encore les personnes embauchées par une entreprise pour remplacer les travailleurs en grève ou en lock-out[9]. Dans le mouvement syndical québécois et assez souvent dans les médias, on utilise familièrement le terme péjoratif ***scab*** (avant 1930) pour nommer les briseurs de grève : *une entreprise qui a recours à des scabs, une loi anti-scab de plus en plus bafouée*. *Scab* est un mot anglais[10] signifiant propre-

9. Le mot *lock-out* (1865), emprunté à l'anglais, vient de *to lock out* « mettre à la porte ».

10. Le mot anglais *scab* est issu du vieux scandinave *skabbr*, avec influence probable du latin *scabies* « gale », qui a donné en français le terme savant *scabieux* « relatif à la gale ».

ment « croûte, gale », mais employé, dans l'argot des ouvriers américains, pour désigner aussi bien le travailleur qui refuse d'être membre d'un syndicat (ou qui accepte de travailler à des conditions inférieures à celles qui ont été obtenues par celui-ci) que le briseur de grève. Le *scab*, c'est, étymologiquement, la « brebis galeuse » de la classe ouvrière.

Il arrive – et cela arrivait assez souvent durant les années 1970 – que, sur la ligne de *piquetage*, au petit matin, grévistes et *scabs* se bousculent, s'invectivent et échangent des coups. Pour nommer ce genre d'altercation (ou bagarre, empoignade, engueulade), nous avons, en français québécois, le composé ***brasse-camarade*** (années 1970), un terme qui, par extension, peut s'appliquer, quel que soit le milieu où l'on se trouve, autant à une empoignade physique qu'à des échanges verbaux « musclés » : *du brasse-camarade à une réunion du conseil municipal.* Dans *brasse-camarade*, ce n'est pas tant *camarade*[11] qui mérite l'attention que l'élément *brasse*, qui vient du verbe *brasser*. Or le verbe ***brasser*** est aussi un québécisme lorsqu'il est employé dans le sens de « bousculer, secouer, traiter sans ménagement » et dans celui de « disputer, engueuler, réprimander » : *des enfants qui se font brasser par leur père ivrogne, ça a brassé à l'entrée de l'usine.*

---

11. Voir plus haut la rubrique « *Camarade indigné, contestataire* et action *citoyenne* ».

Poivre et *matraque* : bas les *masques* de la *répression*

Le nom féminin ***répression*** (XIVe, du latin médiéval *repressio*) est presque aussi ancien que la réalité qu'il sert à nommer, à ceci près que le mot a été utilisé d'abord en médecine pour désigner, tout comme le verbe *réprimer* (XIIIe, du latin *reprimere* « refouler, presser »), le fait de freiner l'action de la fièvre, de la maladie. À partir du milieu du XIVe siècle, *réprimer* prend aussi le sens encore vivant de « refouler », d'« empêcher un sentiment de s'exprimer » (*réprimer sa colère*). Ce n'est qu'au début du XIXe siècle que le terme *répression* va désigner l'action d'empêcher une chose jugée dangereuse pour l'ordre social de se manifester, plus spécialement le fait d'arrêter par la force un mouvement de révolte ou de revendication collectif.

Au Québec, on appelle *poivre* (XIIe, du latin *piper*) ou *poivre de Cayenne* le gaz asphyxiant dont se sert la police pour disperser les manifestants et « étouffer » leur résistance, d'où le sens particulier donné ici au verbe ***poivrer*** (XIIIe) : « asperger de jets de poivre de Cayenne » : *ils se sont fait poivrer par la policière 728.*

Quant à la ***matraque*** (vers 1860), arme contondante utilisée par la police pour donner des coups aux manifestants, son nom nous vient, par l'intermédiaire de l'argot militaire, de l'arabe d'Algérie *matraq* « gourdin ». Les dérivés de *matraque* sont plus récents : ***matraquer*** (vers 1930) « frapper à coups de matraque » et, au figuré, « répéter un message avec insistance », et ***matraquage*** (1947) au sens propre et au sens figuré (*le matraquage des manifestants, le matraquage dans les médias du message gouvernemental*). Le 10 octobre 1964, un samedi, une manifestation organisée pour protester contre la visite de la reine Élisabeth II à l'Assemblée nationale du Québec a bien mal tourné : de l'après-midi jusqu'à tard en soirée, la police a pourchassé, traqué et matraqué des manifestants, mais aussi des journalistes qui faisaient leur métier et des citoyens « qui passaient par là ». Cette journée historique est aujourd'hui connue sous le nom de *samedi de la matraque*.

D'après les autorités civiles, le fait de porter un masque annoncerait l'intention de la personne masquée de commettre un méfait, de se livrer à des actes violents. Et si le masque servait d'abord à se protéger le visage du *poivre* dont on l'asperge ? Les mots *masque* et *mascarade*, tous deux venus d'Italie au XVIe siècle avec la mode des bals masqués, appartiennent à la même famille. ***Masque*** (début XVIe) est un emprunt à l'italien *maschera* « faux visage ». Le mot a d'abord le même sens qu'en italien et désigne un faux visage dont on se couvre la figure pour se déguiser ou pour dissimuler son vrai visage. Puis le mot s'applique, par analogie, à un appareil protecteur, à un masque de protection. *Masque* prend aussi, dès le milieu du XVIe siècle, le sens figuré d'« apparence trompeuse », de « duplicité » (*un masque de bienveillance*), d'où le dérivé *démasquer* (milieu XVIe) « révéler sous son vrai jour ». Le mot *mascarade* (milieu XVIe) est pour sa part emprunté à l'italien *mascarata*, variante de *mascherata*, dérivé de *maschera*. Une *mascarade*, c'est une fête ou un spectacle où les participants sont déguisés et masqués. À l'instar de *masque* « fausseté », *mascarade* prend au figuré le sens de « mise en scène trompeuse », d'« imposture » : *ces négociations ne sont qu'une mascarade.*

Loi matraque

Une *loi matraque* – l'expression est utilisée chez nous depuis les années 1960 – est une loi « spéciale » qui, sous le couvert de mettre fin à un conflit (à une grève ou à un mouvement de contestation) et de rétablir la « paix sociale », brime les droits fondamentaux de citoyens, de travailleurs, d'étudiants, et prévoit des peines extrêmement sévères en cas de défi ou de désobéissance. D'où son nom. La *loi (spéciale)*, c'est le bras législatif de l'État répressif, la *matraque*, c'est son bras armé.

L'histoire du Québec de l'après-guerre ne manque pas d'exemples de ces lois d'exception destinées à frapper, à bâillonner et à menotter les citoyens, les travailleurs et les militants :

- en 1949, sous Duplessis, loi d'exception pour écraser la grève de l'amiante, à Asbestos ;
- en 1972 (sous les libéraux) et en 1983 (sous le gouvernement du Parti québécois) des lois spéciales et des décrets pour briser le Front commun du secteur public (et emprisonnement des trois dirigeants syndicaux en 1972) ;
- en 1999 (sous le Parti québécois de Lucien Bouchard), loi extrêmement sévère pour mater la grève des infirmières (largement appuyées par la population).
- et, en 2012, l'infâme loi 78 adoptée en réponse au bruyant mouvement de revendication des carrés rouges.

À cette liste, on pourrait ajouter la loi des mesures de guerre promulguée (à la demande du gouvernement Bourassa) par le gouvernement libéral du Canada, dirigé par Pierre Elliott Trudeau, qui a résulté en des centaines d'arrestations arbitraires de citoyens, d'artistes ou de militants syndicaux soupçonnés de sympathie envers le FLQ.

L'ironie de cette affaire, c'est que ce même Trudeau avait, à l'époque de sa jeunesse

« socialiste », combattu le régime ultraconservateur de Maurice Duplessis, qui s'y connaissait bien en matière de lois répressives. En effet, bien avant la loi spéciale adoptée lors de la grève de l'amiante, Duplessis a été le père, en 1937, d'une loi visant à « protéger la Province de Québec contre la propagande communiste » : une loi surnommée *loi du cadenas* parce qu'elle donnait aux autorités le pouvoir de fermer toute maison ou tout local soupçonnés d'être utilisés pour produire de la propagande « communiste ». Bien sûr, la *loi du cadenas* donnait aussi le pouvoir de perquisitionner et d'effectuer une saisie.

Loi matraque donc.

Nos *droits*, le *droit* et la *droite* : *droit* au but !

Chaque fois qu'éclate un conflit ou que s'engage une lutte sociale se pose en même temps, de la part du pouvoir politique et de la droite en général, la question du droit. Des manifestants ont-ils le droit d'occuper un lieu public en y installant un campement de protestation ? Les mouvements étudiants ont-ils le droit de grève ? Les choses se compliquent encore quand s'affrontent deux conceptions diamétralement opposées d'un droit : pour les organisations étudiantes, lutter pour le droit à l'éducation, c'est lutter pour un accès égal aux études supérieures, sans barrières socioéconomiques ; pour le gouvernement, le droit à l'éducation c'est le droit individuel des étudiants opposés à la grève d'avoir accès à leur salle de classe et d'y suivre leurs cours[12].

Qu'ont en commun les *droits* du peuple, l'idée de *droit*, la ligne *droite* et la *droite* en politique ? Peu de chose à dire vrai, si ce n'est que ces mots n'ont pas seulement un « air de famille », ils appartiennent tous effectivement à la même famille, celle des mots issus du latin *directus* (qui a aussi donné *direct*), participe passé de *dirigere* « diriger ».

---

12. Un peu comme des *scabs* justifiant leur trahison de classe au nom du *droit* au travail.

Commençons par l'adjectif (et adverbe) *droit* (*dreit*, fin XIe) « sans déviation » qui, par une succession de hasards – une chaîne de « déviations » sémantiques comme on en trouve parfois dans la vie des mots –, aboutira, sept cents ans plus tard, à l'usage du terme *droite* en politique. En français, le mot *droit* prendra, comme son ancêtre latin, à la fois le sens concret de « sans déviation, direct » (*une tige droite, se tenir droit*) et le sens moral de « juste, honnête, loyal » (*un homme droit*), d'où le dérivé *droiture* (fin XIIe), pris au sens de « justice » en ancien français.

Il faut attendre le XVe siècle pour que l'adjectif *droit* « juste, bon » serve, par glissement de sens, à qualifier ce qui est situé du côté opposé à celui du cœur, c'est-à-dire à droite (*la main droite, le pied droit*) : selon la croyance, en effet, ce qui est à droite est du « bon côté » alors que ce qui est à gauche est « mauvais, défavorable[13] ». L'adjectif *droit* « du côté droit » reprend ainsi, au XVe siècle, le sens de l'ancien français *destre* (ou *dextre*) qu'il a remplacé et éliminé un siècle plus tard – en même temps que l'adjectif *gauche* (d'origine germanique) « de travers » a supplanté l'ancien français *senestre* et qualifié ce qui est situé du côté du cœur (*la main gauche*). Des adjectifs

13. Cette idée de bon côté (droit) et de mauvais côté (gauche) est encore très présente dans la langue : pensons à l'adjectif *adroit* (XIIe, de *a* et *droit*) et au nom d'origine savante *dextérité* (début XVIe, du latin *dexter* « droit ») ; pensons, à l'inverse, à l'adjectif *gauche* pris au sens de « maladroit » et à ses dérivés *gauchement* (fin XVIe) et *gaucherie* (milieu XVIIIe).

droit et *gauche* découlent, au milieu du XVIe siècle, les noms féminins *droite* et *gauche* (*la personne assise à sa droite, tourner à gauche*).

La suite, presque tout le monde la connaît : sous la Révolution, en 1791, les députés conservateurs siégeant à la droite du président d'assemblée et les progressistes à sa gauche, on parle alors des députés « de la droite » et de ceux « de la gauche » et, finalement (d'après l'usage anglais), de la *droite* et de la *gauche* tout court. Voilà comment on est passé de *droit* « sans déviation » à côté *droit* et enfin à *droite* en politique : *le cœur à gauche, mais la tête à droite* (position du contorsionniste ?).

Mais qu'en est-il du mot *droit* au sens de « ce qui est permis » ? Le nom masculin ***droit*** (*dreit*, milieu IXe) est de loin le plus vieux descendant du latin *directus* « sans déviation » (« juste » au figuré) : il est issu du bas latin *directum*, neutre de l'adjectif *directus* employé comme nom. Le nom *droit*, pris à l'origine dans le sens de « ce qui est juste », apparaît dans le plus ancien texte écrit en langue romane (ou ancien français). Il s'agit des *Serments de Strasbourg* (842, l'un rédigé en ancien français, l'autre en germanique), serments dans lesquels Charles le Chauve et Louis le Germanique, petits-fils de Charlemagne, scellent leur alliance contre leur frère aîné Lothaire, qui cherche à s'approprier tout l'Empire. Les deux frères s'engagent alors à se soutenir mutuellement en toute chose « comme on doit *par droit* (*per dreit* « par justice ») soutenir son frère… » Tous les emplois du nom *droit* nous viennent de là : *être dans son droit, le bon droit, avoir le droit de, les droits des citoyens, le droit de parole, le droit de grève, un État de droit,* mais aussi, hélas, *le droit divin, le droit du plus fort* et *les droits*[14] *de scolarité* !

14. *Droit* de scolarité, d'entrée : c'est le même mot, qui est aussi employé dans le sens de « redevance » depuis le XIIe siècle (*droits seigneuriaux, droits de douane*).

Illégal !

Ce mot, nous l'avons entendu des dizaines et des dizaines de fois au cours du printemps québécois : *la manifestation est déclarée illégale par les forces de l'ordre.* Nous sommes ici dans le domaine de la *loi*, mais pas toujours dans celui du droit.

L'adjectif ***légal*** « relatif ou conforme à la loi » et son antonyme ***illégal*** « contraire à la loi » sont des termes savants du milieu du XIVe calqués sur le latin *legalis* et *illegalis*, dérivés de *lex, legis* qui a donné ***loi*** (fin X^e^), mot qu'on retrouve employé au figuré dans des expressions comme *la loi du plus fort, la loi du silence* ou *la loi de la jungle.* Ajoutons, pour rester dans la même famille, l'adjectif de sens fort différent ***légitime*** (fin XIIIe du latin *legitimus*) « conforme au droit et spécialement au droit naturel » et, par extension, « juste, équitable ». Ainsi, si une loi est *légale* au sens où elle « a valeur de loi », elle n'est pas nécessairement *légitime.* Elle peut être abusive, injuste, voire *liberticide* (de *liberté* et *–cide* « qui tue »), mot créé en 1791, sous la Révolution.

Ce n'est pas tout. L'adjectif *légal* est le mot frère, le doublet[15] savant, de *loyal*, issu par voie populaire du même mot latin, et entré dans l'usage près de

---

15. Voir note 2.

trois siècles plus tôt. ***Loyal*** (*leial*, fin XIe) a d'abord eu le sens juridique de « conforme à la loi » – sens repris plus tard par *légal*. Puis le mot a pris, dans le contexte de la féodalité, le sens moral de « fidèle à ses engagements, respectueux des lois de l'honneur ». Ses dérivés datent tous du XIIe siècle : *loyalement, loyauté, déloyal,* etc. Étroitement associé au monde de la chevalerie, le terme *loyal* a été d'un emploi rare pendant plusieurs siècles et n'est revenu dans l'usage courant qu'au XVIIIe siècle. C'est alors que s'est établie de manière définitive la distinction de sens entre *légal* « conforme à la loi » et *loyal* « qui obéit aux lois de l'honneur ». La manière dont se sont déroulées, au printemps 2012, les « négociations » entre les représentants des étudiants et ceux du gouvernement illustre assez bien cette distinction sémantique.

Désobéissance

Tous les enfants, qu'ils soient gâtés ou non, savent ça : il est formellement interdit de *désobéir*. Et la personne qui ne se soumet pas à un ordre ou à une loi commet un acte de *désobéissance*.

Obéir (début XIIe, du latin *obœdire*), c'est se conformer, se soumettre à ce qui est ordonné, se plier à ce qui est imposé. Tous les autres mots de la famille sont dérivés de ce verbe : *obéissance* (XIIIe), *obéissant* (fin XIIe), *désobéir* (XIIIe), *désobéissance* (XIIIe), etc. La ***désobéissance***, c'est bien sûr l'action de désobéir, mais c'est aussi le refus de se soumettre, sens proche d'*insoumission*, de *résistance* ou de *révolte*. Mais que se passe-t-il quand ce qui est ordonné paraît abusif, quand une loi paraît injuste, quand ce qui est « légal » est jugé *illégitime* ? « Quand les lois sont contre le droit, écrit Victor Hugo, il n'y a qu'une héroïque façon de protester contre elles : les violer. » C'est ce qu'on appelle (du titre du livre de l'auteur américain Henry Thoreau paru en 1849) la ***désobéissance civile*** : une action militante, le plus souvent pacifique, consistant à ne pas se soumettre à une loi jugée injuste, à une loi qui s'oppose au droit.

On peut, pour compléter ce portrait de famille, ajouter un mot savant, le nom ***obédience*** (milieu XIIe), emprunté au latin *obœdientia* « obéissance » (dérivé de *obœdire*) et pris aujourd'hui dans le sens de « fidélité ou soumission à une idéologie, à une doctrine (politique notamment) » : *un cercle d'intellectuels d'obédience catholique, les pays d'obédience communiste*, disait-on autrefois. *Obédience* (le mot) est plutôt vieillot, démodé. Mais la réalité qu'il désigne – la subordination à une idéologie – est restée bien vivante. Ainsi, on pourrait dire qu'un journal d'*obédience (néo) libérale* se plaît à associer par amalgame la *désobéissance civile* à la violence, à l'anarchie, au désordre et au vandalisme.

Désobéissance (suite) : *intimidation*, *violence* et *anarchie*

En juin 2012, dans les semaines suivant l'adoption du projet de loi 78 (loi spéciale), des ministres du gouvernement libéral – notamment la ministre de la Culture, Christine St-Pierre – affirmaient en chœur voir dans le carré rouge un symbole d'intimidation et de violence[16], et associaient la désobéissance civile à l'insurrection, au désordre, à un appel à l'anarchie.

Bien que l'intimidation ne soit pas une affaire de timides et encore moins de *timorés* (fin XVIe, du latin ecclésiastique *timoratus*, dérivé de *timor* « crainte »), les mots *timide, intimider* et *intimidation*, entrés dans l'usage au cours du XVIe siècle, appartiennent bien à la même famille. L'adjectif *timide* et le verbe *intimider* sont tous deux des termes savants calqués sur des mots latins. ***Timide*** (vers 1520), emprunté au latin *timidus* (de *timere* « craindre ») a d'abord signifié « craintif ». Le lien avec l'idée de « crainte » s'est toutefois effacé assez tôt, et le mot sert depuis longtemps à qualifier la personne « qui manque d'assurance ». Le verbe ***intimider*** (1515), tiré du latin

16. « Le carré rouge de Fred Pellerin : "violence et intimidation", affirme la ministre de la Culture », *Le Devoir*, 9 et 10 juin 2012, cahier CULTURE, page C 11.

intimidare, était à l'origine un terme de droit signifiant « menacer gravement ». Mais, dès le milieu du XVIe siècle, le mot a pris, dans l'usage courant, le sens d'« effrayer », puis, par affaiblissement de sens, celui de « faire perdre son assurance » (milieu XVIIe).

Intimider est donc un terme à large spectre sémantique. Ainsi, selon que l'on parle d'un garçon que les filles intimident ou de manœuvres visant à intimider l'adversaire, le verbe passe du sens de « troubler » ou « impressionner » à celui d'« essayer de faire peur », voire de « menacer[17] ». On trouve dans l'adjectif ***intimidant*** (fin XVIe), du participe présent du verbe, les mêmes nuances de sens. Des propos, des gestes *intimidants* sont « menaçants ». Mais on peut trouver *intimidant* (« gênant », « paralysant ») le fait de parler en public. On peut trouver *intimidante* (impressionnante ? menaçante ?) la force tranquille d'une manifestation rassemblant plus de 200 000 personnes.

Mais revenons à l'intimidation. Le nom ***intimidation*** (milieu XVIe, du verbe *intimider*) a d'abord été, comme le verbe, un terme juridique. Il faut attendre le début du XIXe siècle pour que le mot prenne, dans l'usage courant, le sens d'« action d'intimider », c'est-à-dire action de « menacer », d'« effrayer », d'« exercer une pression » sur quelqu'un. Dans un conflit – à plus

---

17. Les mots *menace* et *menacer* sont beaucoup plus anciens : *menace* (*manatce*, fin IXe) vient du latin populaire *minacia* « manifestation de violence signifiant l'intention de faire mal à quelqu'un » ; *menacer* (XIIe) est issu du latin populaire *minaciare*.

forte raison dans un conflit qui soulève les passions –, chaque partie fait appel à une forme d'intimidation (surtout verbale et psychologique, mais parfois physique) pour impressionner l'adversaire et le placer sur la défensive. On a beaucoup parlé, pendant le printemps québécois, de l'« intimidation » dont, par leur seule présence (en grand nombre, il est vrai), les carrés rouges usaient pour empêcher les briseurs de grève d'avoir accès à leur salle de classe. Comment appellerait-on alors un barrage de policiers casqués, protégés par un bouclier et armés d'une matraque, frappant d'un même rythme sur le sol avec leur outil de travail… pour inviter les manifestants à se disperser ? Les propos de la ministre de la Culture associant le carré rouge à l'intimidation et à la violence n'étaient-ils pas eux-mêmes une forme d'intimidation psychologique ou plutôt idéologique ? Et que dire de l'intimidation judiciaire[18] (pluie d'injonctions, loi spéciale, poursuites) à laquelle on a eu recours pour paralyser l'action étudiante ?

★

À l'instar de l'intimidation, la violence peut prendre plusieurs formes : violence verbale, violence

18. L'adjectif *judiciaire* (fin XIVe) est un emprunt savant au latin *judiciarius* « relatif aux tribunaux, à la justice ». Ses dérivés *judiciariser* et *judiciarisation* datent – signe d'une époque – des années 1980 : *la judiciarisation du conflit étudiant*.

physique, violence psychologique, violence aveugle, violence gratuite, etc. On peut parler de la violence (de la force brutale) du vent, d'un orage, d'une tempête, de la violence (de l'intensité, de l'ardeur) d'une émotion, d'un sentiment. Une mesure, un projet de loi peuvent soulever des protestations violentes (véhémentes). On peut s'insurger violemment (énergiquement, vigoureusement) contre un abus, une injustice. Et, bien sûr, il arrive qu'entre des manifestants et la police éclatent de violents accrochages.

De quelque côté qu'on les tourne, les mots *violence* et *violent* oscillent entre ces deux pôles sémantiques : au propre, c'est l'abus de la force, la brutalité ; au figuré, c'est l'ardeur, l'intensité, l'impétuosité. ***Violent***, emprunté au latin *violentus* « emporté », et ***violence***, du latin *violentia* « caractère emporté, farouche », datent du début du XIIIe siècle. Dès l'ancien français, le nom *violence* désigne surtout un abus de la force pour contraindre quelqu'un. En témoigne la locution *faire violence* (milieu XVIe) « agir sur quelqu'un ou le forcer à agir en employant la contrainte, l'intimidation[19] ».

---

19. Exercer des pressions, employer la contrainte pour amener une personne à adopter une position ou une ligne de conduite avec laquelle elle n'est pas d'accord, c'est ce qu'on appelle, au Québec, du *tordage de bras*. ***Tordre le bras*** à quelqu'un, c'est lui forcer la main, c'est tenter de le faire agir contre son gré : *il s'est fait tordre le bras, on n'a pas eu besoin de lui tordre le bras.* Le *tordage de bras* s'exerce un peu partout, dans la vie privée comme dans le domaine public – surtout en politique (quand il s'agit, par

Lors d'un conflit, d'une grève, d'une lutte sociale, il arrive que les esprits s'échauffent et qu'on assiste à des scènes de bousculade (entre grévistes et anti-grévistes, par exemple), à des invectives, à certains actes de vandalisme contre des symboles de l'ordre et du pouvoir. Violence donc. C'est peu de chose pourtant en regard de l'habituelle brutalité policière et des arrestations par milliers. Si le carré rouge et le tintamarre des casseroles sont des symboles de violence et de désordre, que dire alors de la matraque, du poivre et des menottes ?

> La violence est partout, vous nous l'avez apprise
> Patrons qui exploitez et flics qui matraquez
>
> (Les nouveaux partisans[20])

On l'a dit, la *désobéissance civile*, faussement rattachée à la violence, est une action militante généralement pacifique, non violente. Notons, à cet égard, que le terme ***non-violence*** (dans l'action politique) date du début des années 1920. Ce n'est pas une création des forces policières. Le pasteur noir Martin Luther King (1929-1968), qui incarnait le refus de se soumettre (anarchisme ?) aux lois fondées sur la discrimination raciale, était un « apôtre »

---

exemple, de « convaincre » un député de se plier à la ligne du parti) et dans le monde syndical. L'expression québécoise ***tordage de bras*** est un calque, une traduction littérale, de l'anglais *arm-twisting*, de même sens.

20. *Les nouveaux partisans* (paroles et musique de Dominique Grange) est une chanson révolutionnaire de l'après-Mai 68.

de la non-violence. On ne peut en dire autant de ceux qui l'ont assassiné.

⋆

Anarchie, anarchisme : ces mots, employés à toutes les sauces pour stigmatiser les carrés rouges, les militants et les mouvements de contestation, sont des termes d'origine savante. On pourrait dire que l'anarchie est au pouvoir (au chef) ce que l'anorexie est à l'appétit. ***Anarchie*** (XIVe) est un emprunt au latin *anarchia*, lui-même emprunté au grec *anarkhia* « absence de chef, sans commandement », mot formé de l'élément *a(n)-* exprimant la privation et de *arkhê* « commandement ». Le mot, devenu usuel à la fin du XVIe siècle, prend alors le sens de « désordre politique résultant d'une absence d'autorité ». Par extension, *anarchie* prend, au milieu du XVIIIe siècle, le sens de « désordre, confusion ». Enfin, pendant la Révolution, le mot sert aussi à désigner une doctrine politique visant à supprimer le pouvoir de l'État – sens repris plus tard par ***anarchisme*** (vers 1835). Le terme ***anarchiste*** (nom et adjectif) date de l'Époque révolutionnaire (1791). Mentionnons que l'élément privatif *a(n)-* se retrouve dans bon nombre de termes savants d'origine grecque comme *analphabète, anonyme, athée* ou *anorexie*. Quant à l'élément *-archie*, il a servi à former des mots comme *hiérarchie* (XIVe), *monarchie* (1265) « pouvoir d'un seul » et *oligarchie* (1360) « commandement de quelques-uns ».

Vandalisme et autres *méfaits*

Bien que les manifestations donnent parfois lieu à des actes de vandalisme, il n'y a pas plus de lien entre action politique, anarchisme et vandalisme qu'entre sport et vandalisme. Le vandale tient bien davantage du hooligan que du militant ou de l'anarchiste. Le vandale doit son nom à un peuple germanique, les *Vandales* (XIIIe, du bas latin *Vandali*), qui, au début du Ve siècle, a envahi et dévasté l'Empire romain. Leur nom est devenu symbole de barbarie et de destruction. Le nom commun ***vandale*** nous vient de Voltaire qui, le premier, en 1732 employa le nom du peuple au figuré pour désigner une personne qui saccage tout, un destructeur brutal, un pillard. Environ soixante ans plus tard, pendant la Révolution, apparaît le terme ***vandalisme*** (1793) « attitude d'une personne qui détruit, mutile, saccage des objets, des œuvres d'art, des biens publics ». Le verbe transitif ***vandaliser*** « détruire (sans raison), saccager » date de 1983 : *des voitures de police et des commerces ont été vandalisés par les émeutiers.*

Vandalisme – un peu comme *anarchisme* – est un autre de ces mots qu'on a tendance à appliquer à toutes sortes de situations. Pour certains, les graffitis, les tags, les slogans inscrits sur les murs ou sur les boîtes aux lettres procèdent du vandalisme au même titre que les cabines téléphoniques saccagées et les voitures de police incendiées. À la fin d'avril 2012, en pleine crise étudiante, des militants se réclamant de l'art engagé et de la poésie ont remplacé les publicités de quelque 4 000 vélos Bixi de Montréal par des citations poétiques de Jean de La Fontaine, Jean Rostand, Virginia Woolf, Tom Waits, Gaston Miron, Gérald Godin et bien d'autres. Cette action d'éclat poétique-politique-humoristique de BixiPoésie a aussitôt été qualifiée de *vandalisme* dans certains médias…

Nous le savons maintenant, se livrer à des actes de vandalisme comme le taguage ou l'attentat poétique, manifester tout nu ou masqué, frapper violemment (énergiquement) sur une casserole, prôner la désobéissance civile, défier une injonction, résister à son arrestation, se défendre contre les coups de matraque et les jets de poivre, toutes ces actions constituent des méfaits plus ou moins graves. *Méfait* (*mesfait*, milieu XIIe) est le participe passé substantivé de l'ancien verbe *méfaire* « mal agir, faire une mauvaise action », formé du préfixe *mé-* et de *faire*. Parmi les préfixes utilisés en français, un seul est d'origine germanique[21], et c'est le préfixe *mé-*, *més-* à valeur négative ou péjorative, issu du francique *missi* « mal ». Ce préfixe entre dans la formation

21. Les autres préfixes utilisés en français nous viennent soit du latin (*dé*faire, *pré*conçu, *in*tolérant, *re*construire), soit du grec (*anti*capitaliste, *mono*parental, *poly*phonie).

de plusieurs dizaines de mots dont certains ont une étymologie surprenante. Mentionnons les termes *méchant* (XIIe) du participe présent de l'ancien verbe *meschoir* « tomber mal », *mécréant* (XIe) de l'ancien verbe *mescroire* « être incroyant », *mégarde* (XIIe) de l'ancien verbe *mesgarder* « mal veiller, manquer d'attention », *mépriser* (XIIe), *médire* (XIIe). Ajoutons que le préfixe *mis-* qu'on trouve dans de nombreux mots anglais (*misfortune, misfit, mistake, misunderstand,* etc.) vient de la même source germanique que le *mé-* français.

Outrage et *insultes* : dépasser la mesure et faire assaut

L'*outrage* et l'*insulte* ont au moins deux choses en commun : ce sont des mots d'origine latine et ils concernent de graves offenses, des affronts.

Le mot **outrage** (*ultrage*, fin XIe, *outrage* fin XIIe) est dérivé de *outre* « au-delà » (du latin *ultra*). En ancien français, *outrage* (de la même famille que *outrance* et *outrer*) est d'abord employé dans le sens général d'« excès » – d'action ou de parole qui dépasse la mesure permise – et, dans le contexte de la chevalerie, dans le sens particulier d'« offense grave à l'honneur » ou d'« affront, injure », comme en témoigne la vieille locution *faire outrage* (milieu XIIe) « offenser[22] ». À partir du début du XIXe siècle, le mot *outrage* est employé en droit pour désigner un acte gravement contraire à une règle morale ou autre (*outrage aux bonnes mœurs*). Le mot désigne aussi un délit, des paroles ou un acte par lesquels on manque de respect à un personnage représentant l'autorité ou à l'institution elle-même : pensons à l'*outrage au tribunal*, qui consiste à défier une ordonnance du

---

22. L'emploi figuré du mot *outrage* dans le syntagme *derniers outrages* au sens de « viol » (*elle a subi les derniers outrages*) est aujourd'hui vieilli, désuet.

tribunal ou à contrevenir (à « passer outre ») à ladite ordonnance. Ainsi un porte-parole de la CLASSE, Gabriel Nadeau-Dubois, a été accusé d'*outrage au tribunal*, à la fin de mai 2012 : il aurait invité les étudiants à défier une injonction, c'est-à-dire un ordre donné par un juge. Le verbe ***outrager*** (fin XVe, dérivé de *outrage*), qui a déjà eu le sens de « contrevenir gravement à », est employé, en français moderne, surtout dans le sens d'« offenser gravement », d'« injurier, insulter ».

Si l'outrage est une action ou une parole qui « va au-delà de ce qui est permis », que dire d'*insulter* qui remonte étymologiquement à l'idée de « sauter sur » ? Le verbe ***insulter*** (milieu XIVe) est en effet un emprunt au latin *insultare* « sauter sur » ou « faire assaut », dérivé de *saltare* « sauter ». *Insulter* est non seulement calqué sur le mot latin, mais il en reprend également le sens de « braver » et, par extension, celui d'« attaquer, assaillir », sens aujourd'hui vieillis. C'est à partir du début du XVIIe siècle que le verbe est employé dans le sens moderne d'« attaquer par des propos outrageants », de « proférer des insultes ». Le nom ***insulte*** (*insult*, fin XIVe) est pour sa part un emprunt au bas latin *insultus* « assaut, attaque ». *Insulte* – nom masculin jusqu'au milieu du XVIIe siècle – a connu la même évolution de sens que le verbe *insulter*.

Avec l'*injure*, nous restons dans le champ lexical de l'« offense » et de l'« affront », mais nous sommes aussi étymologiquement dans le domaine du « tort ».

Le nom ***injure*** (*injurie*, fin XIIe) est un emprunt au latin *injuria* « injustice ». En ancien français, le mot est employé, comme le mot latin dont il est issu, dans le sens d'« injustice » et dans celui de « tort, dommage », sens conservés jusqu'au XVIIe siècle[23]. Dans la langue littéraire, *injure* prend aussi le sens figuré de « dommage » à propos des éléments ou du temps (*l'injure des ans*), sens qu'on retrouve aussi dans l'emploi figuré du mot *outrage* (*les outrages du temps*). Le sens actuel d'« insulte », de « parole offensante », est devenu courant au XVIe siècle : *ils ont été abreuvés d'injures racistes, policiers et manifestants se sont échangé des injures*. Le verbe ***injurier*** (fin XIIe, du latin *injuriari*) a connu la même évolution, passant du sens de « faire du tort, endommager » à celui d'« offenser, insulter ».

Matricule 728 : l'insulte, d'« *assaut* » à « propos offensants »

Lors de l'arrestation brutale de deux artistes du Plateau-Mont-Royal, le 4 octobre 2012, la policière de Montréal désormais connue sous son numéro de matricule, le 728 (elle s'était

23. Le verbe anglais *to injure* et le nom *injury* (de l'ancien français *injurie*), empruntés au français au Moyen-Âge, s'appliquent généralement à l'action de blesser physiquement, à une blessure physique, une lésion. Mais *injury* peut aussi désigner un tort, un traitement injuste.

déjà signalée lors du printemps québécois en « poivrant » copieusement et sans raison apparente des manifestants), a réussi l'exploit d'*insulter* des citoyens à la fois au sens étymologique et au sens moderne du terme.

Dans les images de la scène filmées au moyen d'un téléphone portable et diffusées à Radio-Canada, on peut voir le matricule 728 assaillir, c'est-à-dire « sauter sur » un homme et le prendre à la gorge, l'étrangler. Puis, une fois l'opération terminée, on peut l'entendre, depuis sa voiture de patrouille, tenir (en s'adressant à son superviseur) des propos injurieux contre les personnes arrêtées, les traitant de « rats », de « gratteux de guitare », d'« artistes » (?), d'« osties de carrés rouges » et, enfin, de « mangeux de marde ».

* À propos de *rats*, ces mots écrits sur un mur de la Sorbonne en mai 1968 :

> *Nous sommes des rats (peut-être)*
> *et nous mordons. Les enragés.*

Enfants gâtés ! Fainéants !

On aurait pu établir un répertoire – ou mieux un florilège – des meilleures insultes adressées, au cours du printemps et de l'été 2012, aux étudiants porteurs du carré rouge[24]. Mais l'entreprise aurait été longue, fastidieuse et peu enrichissante du point de vue étymologique. Disons seulement qu'à côté de formules rituelles comme « les crisses de puants de carrés rouges » ou « les osties d'étudiants en marde », deux insultes sont devenues des classiques du printemps érable : *enfants gâtés* et *fainéants*.

L'enfant gâté, c'est celui qu'on traite avec trop de faiblesse, trop d'indulgence : on lui pardonne tout, on le comble de cadeaux et de prévenances, on cède à tous ses caprices. On dit *gâter* un enfant, on dit aussi le *pourrir* : des caprices d'*enfant gâté*, d'*enfant pourri*. Mais les enfants, gâtés ou non, grandissent. Et *enfant gâté* désigne aussi par extension une personne capricieuse, une personne habituée à voir satisfaire ses moindres exigences.

---

24. Les insultes proférées par Richard Martineau (chroniqueur), Christian Dufour (politologue), Jacques Villeneuve (coureur automobile et chanteur) ou autres Stéphane Gendron du Québec y auraient certainement occupé une place de choix.

L'expression ***enfant gâté*** est formée de deux mots d'origine latine dont l'un (le verbe *gâter*) a subi une influence du germanique. ***Enfant*** (XIe) est issu du latin populaire *infans, infantis* (de *in-* privatif et de *fari* « parler »), mot désignant l'enfant en bas âge, l'enfant « qui ne parle pas ». En latin du Moyen-Âge, *infans* s'applique aussi à l'enfant jusqu'à l'âge de 13 ou 14 ans et supplante alors le mot *puer* « enfant » qu'on retrouve dans le composé savant *puériculture* (1865) et dans l'adjectif *puéril* (fin XVe, du latin *puerilis*).

Quant au verbe ***gâter*** (*guaster*, fin XIe), il vient du latin *vastare* « ravager, ruiner », devenu *wastare* sous l'influence du germanique. Le mot, sous la forme *gaster* (milieu XIIe) puis sous la forme actuelle *gâter* (XVIIe), a d'abord eu, et ce jusqu'au XVIIe siècle, le sens de « mettre en mauvais état », d'« abîmer », voire de « dévaster ». On l'aura peut-être deviné, *gâter* appartient à la même famille que les mots *dévaster* (du latin *devastare*, formé du préfixe *de-* exprimant le renforcement et de *vastare*) et *dégât* (de l'ancien verbe *degaster*).

À partir du XVIIe siècle, *gâter* connaît un affaiblissement de sens notable et est employé surtout dans le sens de « détériorer, avarier, dégrader » (*des fruits gâtés*) ou dans celui de « gâcher » (*gâter le plaisir*). Parallèlement, le verbe, appliqué à une personne (spécialement un enfant), a pris le sens de « traiter avec trop d'indulgence » (au point de corrompre les qualités et de nourrir les défauts). Dans ce sens, le mot est employé surtout au participe passé adjectif dans les expressions *enfant gâté* et *bébé gâté*. Notons que, dans l'usage actuel, *gâter* est souvent pris dans le sens de « combler », de « choyer », sans valeur péjorative cette fois (*gâter ses amis*), d'où le dérivé *gâterie*.

Enfants gâtés : il y a dans ces deux mots, utilisés avec condescendance pour qualifier des dizaines de milliers d'étudiantes et d'étudiants en lutte contre la hausse des droits de scolarité, toute une vision (simpliste) du conflit étudiant : un vaste mouvement de grève de plusieurs mois est associé à la colère d'un enfant pourri gâté[25], d'un enfant qui fait des caprices. Curieux tout de même qu'on traite d'*enfants gâtés* une jeunesse qui n'a été « choyée » ni par la hausse des frais de scolarité, ni par la brutalité policière, ni par la répression judiciaire. Curieux qu'on qualifie de *gâtée* une jeunesse dont on s'est appliqué à briser (*gâter*) les espoirs, à gâcher (*gâter*) les rêves d'une société plus juste, plus solidaire.

À entendre les arguments de certains chroniqueurs et de certains ministres – comme cet argument puéril de la ministre de l'Éducation de l'époque, Line Beauchamp, ramenant la hausse totale de 1625 $ des droits de scolarité à une hausse dérisoire de 50 *sous* par jour[26] –, on pourrait se

25. Vous savez bien, cet enfant qui a eu « tout cuit dans le bec ».

26. Une hausse de 50 cents tous les jours, pendant huit ans et onze mois !

demander si nos *enfants gâtés* n'étaient pas en lutte contre une société de *gâteux*. Le *vieux gâteux*, il faut dire, est (étymologiquement) de la même famille que le *bébé gâté*. ***Gâteux*** (1835) est la forme populaire de *gâteur* dans l'argot des hôpitaux. Le *gâteux* doit son nom au fait qu'il *gâte* ses draps et ses vêtements par incontinence. Le mot s'applique par extension à une personne dont les facultés intellectuelles sont amoindries (surtout à cause de l'âge), à une personne qui radote.

⋆

Il peut paraître plus étonnant encore qu'on affuble de l'étiquette de *fainéant* des étudiants à qui l'on reproche pourtant d'en faire trop, c'est-à-dire de trop manifester, de faire trop de bruit, de produire trop d'affiches rouges et de mobiliser trop de monde. Car enfin, avec le *fainéant*, comme avec le *vaurien* (qui ne « vault rien », milieu XVIe), on sait tout de suite à qui l'on a affaire : son nom dit déjà tout.

Le mot ***fainéant*** (début XIVe), composé de *fait* (du verbe *faire*) et de *néant* et signifiant littéralement « qui ne fait rien », est l'altération d'un mot plus ancien, *faignant* (fin XIIe), participe présent de *feindre* « faire semblant de », et par conséquent « rester inactif, paresser ». Alors que *fainéant* s'applique à quelqu'un qui ne veut rien faire, à une personne désœuvrée et paresseuse, le terme *feignant* (forme moderne de *faignant*) désigne familièrement un paresseux invétéré. Ajoutons que, bien que le lien étymologique de *fainéant* avec *néant* et, plus encore, celui de *vaurien* avec *rien* soient généralement perçus, cela n'a pas empêché d'avoir, au féminin, une *grande fainéante* et une *petite vaurienne !*

Le *slogan* (cri de guerre), arme de l'*agit-prop*

C'est une formule brève et frappante. On l'utilise en publicité pour vendre un produit ou un service. On l'utilise en politique pour promouvoir une idée, un programme, une cause. Cela s'appelle un slogan.

Le mot *slogan*, entré dans l'usage courant au début des années 1930 au sens de « formule publicitaire », est un emprunt à l'anglais *slogan*, lui-même emprunté au gaélique écossais *sluagh-gairm* « cri de guerre », composé de *sluagh* « troupe, clan[27] » et de *gairm* « cri ». Un *slogan*, c'est, étymologiquement, le cri de guerre d'un clan écossais, sens dans lequel le mot figure pour la première fois, au milieu du XIXe siècle, dans le dictionnaire de l'Académie. En anglais, *slogan* est employé d'abord dans le sens d'origine de « cri de guerre écossais » avant de désigner la devise d'un groupe, puis, en anglo-américain, une formule concise et frappante utilisée par la publicité ou la propagande. C'est dans ce sens que le mot est repris en français au XXe siècle : *« Maîtres chez nous » : un slogan de la Révolution tranquille.*

---

27. *Slogan* figure, avec *clan* (milieu XVIIIe, de *clann* « famille ») et *loch* (fin XVIIIe), parmi les rares mots d'origine écossaise passés en français (tous par l'intermédiaire de l'anglais).

Dans les périodes de turbulence sociale et politique, durant les manifestations, sur les lignes de piquetage, les slogans sont partout : sur les banderoles, sur les pancartes, en tête des tracts, sur les murs sous forme de graffiti. Au cours des dernières années – du Mouvement des indignés au mouvement Occupons en 2011, jusqu'au printemps québécois des carrés rouges en 2012 –, on les a vus fleurir, souvent percutants, en tout cas mobilisateurs et rassembleurs, des slogans mettant en parallèle les revendications démocratiques et la concentration des richesses entre les mains de quelques-uns, établissant des liens entre la marchandisation de l'éducation, la corruption ambiante et le brigandage de nos ressources naturelles :

> Indignez-vous !
> Nous sommes les 99 %
> Nos richesses = leurs profits / Ça suffit !
> Non à la hausse !
> Non à la gratuité minière / Oui à la gratuité scolaire !
> La solution : les banquiers en prison

Le slogan – cri de guerre – est l'une des nombreuses armes de l'agit-prop, de l'agitation et propagande politique, mais il se rattache surtout à l'agitation. Dans la terminologie léniniste, en effet, bien qu'agitation et propagande soient des moyens complémentaires de diffusion des idées révolutionnaires, les deux termes font l'objet d'une nette distinction. La propagande vise une prise de conscience politique, elle explique, elle fournit des arguments de fond sur la nécessité d'un changement (la nécessité du socialisme par exemple) et inscrit les luttes particulières dans une perspective à long terme. Elle contribue ainsi à « l'éducation politique des masses ». On la trouve dans des tracts, mais surtout dans des brochures ou des manifestes. L'agitation, quant à elle, porte sur une idée ou quelques idées : en mettant en relief une injustice, un abus ou un fait particulièrement scandaleux (le chômage, la crise, la hausse des prix, la corruption), elle cherche à susciter ou à attiser le mécontentement, l'indignation, la révolte, elle appelle au rassemblement et pousse à l'action.

Le slogan, par son recours à des procédés stylistiques comme l'antithèse, l'hyperbole ou simplement le jeu de mots, relève bien de l'agitation. *Nous sommes les 99 %*, par exemple, met en évidence une idée toute simple : il y a un écart vertigineux entre une petite élite, celle des riches qui contrôlent l'économie mondiale, et la majorité qui subit les effets de la crise financière. Les slogans *Je me soulève* (comme une nouvelle devise, en rouge, au centre du drapeau québécois) et *Rougez !* (alliage poétique de *rouge* et de *bouger*) appellent quant à eux à l'action, à la révolte.

Les mots *agitation* et *propagande* datent, on s'en doute, d'il y a bien plus longtemps que le léninisme, la révolution d'Octobre et l'agit-prop ; ce sont des mots savants empruntés plus au moins tardivement au latin. Le plus ancien, le mot ***agitation*** (milieu XIVe), est calqué sur le latin *agitatio*, de la famille du verbe *agitare* « pousser, remuer », qui a donné *agiter*. *Agitation* est à l'origine un terme technique désignant l'état de ce qui est animé de mouvements irréguliers (*l'agitation de la mer*). Vers le milieu du XVIe siècle, le mot s'applique, par analogie, à un trouble de l'esprit, à un état de grande nervosité, puis à un mécontentement d'ordre social et politique qui se traduit par des troubles, des manifestations (*l'agitation étudiante au Chili*). Sous la Révolution, *agitation* désigne aussi, par extension, l'action de pousser à la révolte, d'où les termes ***agitateur*** et ***agitatrice*** entrés dans le vocabulaire politique en 1792 au sens encore actuel de « personne qui provoque des troubles, qui crée ou entretient l'agitation sociale ».

Le terme *propagande*, pris (généralement avec une connotation péjorative) dans le sens d'« action systématique exercée sur l'opinion afin d'y répandre certaines idées ou doctrines politiques ou sociales », est lui aussi entré dans l'usage en 1792. Mais ce mot, associé surtout à la politique (*un film de propagande, la propagande nazie*), nous vient, comme quelques autres[28], du vocabulaire religieux : ***propagande*** (fin XVIIe) est la traduction du latin *propaganda* dans l'expression *congregatio de propanganda fide* (début XVIIe), nom d'une institution religieuse vouée à la « propagation » de la foi chrétienne. Le dérivé ***propagandiste*** a également

28. Le terme *manifestation*, par exemple.

été formé pendant la période révolutionnaire, en 1792. Ajoutons qu'on appelle ***contre-propagande*** (vers 1930) une propagande destinée à combattre les effets d'une autre propagande.

Le terme *agit-prop* (ou *agitprop*), passé en français durant les années 1920, est un mot russe du début du XXe siècle désignant les moyens de diffusion des idées révolutionnaires. Le mot russe ***agit-prop*** résulte de l'accolement des formes tronquées des mots français *agit(~~ation~~)* et *prop(~~agande~~)*. Du point de vue révolutionnaire, le travail d'*agitprop* devait s'effectuer dans tous les domaines, dans les usines comme dans les rues, et sur tous les fronts, y compris celui de l'art. Il y a donc un **art d'agitprop**. On peut rattacher à cet art révolutionnaire autant les *Fenêtres Rosta* réalisées de 1919 à 1922 par le poète Maïakovski et une équipe d'artistes (de grandes affiches d'agitation exposées dans les devantures des magasins vides) que les centaines de photomontages antinazis de John Heartfield (de son vrai nom Helmut Herzfeld) produits en Allemagne de 1930 à 1938. Cet art de combat s'est également développé dans le domaine du théâtre ouvrier. Le théâtre d'agitprop, né pendant la révolution d'Octobre, va aussi connaître un grand succès dans d'autres pays durant les années 1930, notamment en Allemagne et en France[29].

---

29. Pensons au bien nommé groupe Octobre formé, en 1932, autour du poète Jacques Prévert et de l'acteur Raymond Bussières.

Le tract, petite feuille de propagande politique distribuée dans les lieux publics, aux portes des usines ou lors des manifestations, est l'outil d'agitprop le plus connu. Le mot *tract* (1832) est un emprunt à l'anglais *tract*, mot désignant un opuscule, une brochure portant le plus souvent sur une question politique ou religieuse. Le mot anglais *tract* est la forme abrégée du latin *tractatus* qui a aussi donné le mot français *traité*.

Propagande et contre-propagande/ Québec 1937-1938

Mars 1937 : la Loi protégeant la province contre la propagande communiste – connue sous le nom de loi du cadenas – est adoptée par l'Assemblée législative du Québec. Il est désormais illégal, au Québec, d'imprimer, de publier ou de distribuer un journal, une revue, un pamphlet ou un écrit quelconque *propageant ou tendant à propager le communisme ou le bolchevisme*. L'infraction est passible d'un emprisonnement d'au moins trois mois et d'au plus douze mois. Il est en outre illégal d'utiliser une maison ou de permettre à une personne d'en faire usage pour propager le communisme. Les termes *maison* et *personne* sont définis dans le texte de la loi, mais pas le terme *communisme* ; cela permettra à la justice de s'en prendre non seulement aux communistes affichés – et fichés –, mais aussi aux personnes de gauche et aux syndicats les plus militants. En outre, le procureur général peut ordonner la fermeture, pour un an, d'une maison utilisée pour faire la propagande du communisme (d'où le surnom loi du cadenas) et peut faire saisir, confisquer et détruire tout document imprimé de propagande communiste.

Le réveil du Canada français

La brochure intitulée *Le réveil du Canada français*, signée par un certain E. Roger et publiée en 1937 aux Éditions du Peuple – maison d'édition du Parti communiste –, est un exemple typique d'écrit de propagande visé par la loi du cadenas. Le pamphlet – dédié aux combattants de la rébellion de 1837 – est une charge anticapitaliste et antifasciste. On y dénonce l'exploitation du peuple et de la classe ouvrière par une poignée de « bandits de la finance » : des « rejetons » de Mussolini et d'Hitler qui « agitent l'épouvantail de la menace rouge » pour « implanter chez nous les idées fascistes ». Le texte s'attaque aussi au gouvernement ultraconservateur de Duplessis, au nationalisme « fascisant » de l'abbé Groulx ainsi qu'à certains cercles d'« extrême droite » dans l'Église (en particulier l'École sociale populaire).

Le document *Doit-on tolérer la propagande communiste ?* écrit par l'abbé Camille Poisson est le numéro 231 (septembre 1938) de *L'Œuvre des tracts* – outil de propagande de l'École sociale populaire. La brochure, qui porte précisément sur la loi du cadenas, pose d'entrée de jeu la question : « pareille loi est-elle conciliable avec cette liberté d'opinion et d'expression dont l'on devrait pouvoir jouir dans toute société bien organisée… ? » La réponse, on s'en doute, est oui. Au nom du

No 231 — Septembre 1938 Abbé Camille POISSON

Doit-on tolérer la propagande communiste?

L'ŒUVRE DES TRACTS
MONTRÉAL

Doit-on tolérer la propagande communiste ?

devoir d'établir des protections sûres « à l'envahissement des fausses opinions » et de combattre vigoureusement ces doctrines « totalement subversives pour l'ordre naturel même », l'auteur non seulement soutient sans réserves la loi du cadenas – malgré la contestation dont elle fait l'objet par « nos grands pourfendeurs du fascisme » –, mais réclame que soient adoptées toutes « les mesures de salut public qui s'imposent contre le péril communiste ».

Pour savoir à quelle enseigne politique loge *L'Œuvre des tracts*, il suffit de signaler deux numéros consacrés au Front populaire espagnol et à la guerre civile opposant, en Espagne (de 1936 à 1939), républicains et nationalistes.

Quand le Front Populaire est roi

L'Espagne dans les chaînes

Le numéro 205 (juillet 1936), *Quand le Front Populaire est roi*, dresse un sombre portrait des horribles exactions dont le Front populaire se serait rendu responsable depuis son élection à peine cinq mois plus tôt. Les sous-titres parlent d'eux-mêmes : *La dictature de la rue – Scènes de profanation – Frénésie de débauches – Le règne des*

Soviets – Les magasins mis au pillage – On saccage les maisons. La brochure dépeint en outre la lutte antifasciste comme une « duperie » de l'extrême-gauche.

Le numéro 219 (septembre 1937) intitulé *L'Espagne dans les chaînes* est l'œuvre de Gil Robles, chef de la droite espagnole et « ardent défenseur de la foi catholique et des traditions nationales ». Cette Espagne « dans les chaînes » dont il s'agit ici, c'est bien sûr l'Espagne du Front populaire… Mais, heureusement, il y a le général Franco, présenté en page couverture comme celui « qui délivrera l'Espagne de ses chaînes ».

Debout !

Debout : ce petit mot, qui n'appartient pas à proprement parler au vocabulaire de la révolte, se tient droit depuis le XVIe siècle, mais il existe depuis beaucoup plus longtemps. *Rester debout, se tenir debout,* c'est n'être ni assis ni couché et encore moins à genoux. *Se mettre debout*, c'est « se lever », « se dresser » et, au figuré, c'est « lutter, résister » : *Mourir debout plutôt que vivre à genoux !* Pas étonnant que *L'Internationale*, le chant révolutionnaire par excellence, commence par ce mot :

Debout ! les damnés de la terre.
Debout ! les forçats de la faim !

Le mot *debout* est formé de la préposition *de* et du nom *bout* qui remonte lui-même à l'ancien verbe *bouter* « frapper ». En voici l'histoire, qui n'en est pas une à dormir debout.

Tout cela commence avec le vieux verbe *bouter* (eh oui, *bouter*, comme dans *bouter les Anglais hors de France*). ***Bouter*** (fin XIe) est un terme guerrier issu du francique *bôtan* « frapper, pousser », dont il conserve le sens. Le verbe (qui est de la même origine germanique que l'anglais *to beat*) est peu à peu sorti de l'usage après le XVIe siècle, mais on en retrouve la trace dans des dérivés comme *débouter* (XIIIe) « repousser » et, par extension, « rejeter », *boutade* (XVIe) « attaque, sortie brusque » au sens propre et *boutoir* (milieu XIVe).

Le nom masculin **bout** (XIIe) est le déverbal de *bouter*, c'est-à-dire un dérivé formé par la suppression du suffixe du verbe. Le mot *bout*, qui signifiait « coup » en ancien français, a pris par métonymie le sens d'« extrémité » (à l'origine, il s'agissait de l'extrémité de l'objet servant à porter le coup). Le lien étymologique entre *bout* et *bouter* « frapper » s'est effacé dès le XVIe siècle, en même temps que le verbe est sorti de l'usage. Et le mot *bout* est, depuis cette époque, employé dans le sens d'« extrémité » (*le bout de la langue*), de « limite, fin » (*le bout du tunnel, lutter jusqu'au bout*) et aussi dans celui de « petit morceau » (*un bout de tissu rouge*). L'adverbe **debout** (milieu XIIe), formé de *de-* et *bout* « extrémité », a d'abord eu le sens de « bout à bout ». Le sens actuel de « sur ses pieds » ou « verticalement » apparaît vers 1530.

On l'a vu plus haut, l'expression *se tenir debout* et l'interjection *debout !* sont souvent employées, dans le discours militant, dans le sens de « lutter », de « résister », de « refuser de se soumettre ». Dans le numéro de l'été 2012 de la revue de gauche *À bâbord !*, on pouvait lire, en quatrième de couverture (sur fond de photo d'une des grandes manifestations du printemps québécois) : « Marcher dans les rues… c'est encore la meilleure façon de se tenir debout ! » « Debout », c'était aussi le slogan de Québec solidaire lors de la campagne électorale de la fin de l'été 2012 : « Debout pour une société plus juste et plus démocratique ! », « Debout pour la gratuité scolaire ! », « Debout pour les femmes ! » *Debout.*

À l'instar de l'adjectif épicène[30] *plate*, employé familièrement dans le sens d'« ennuyeux » (*un film plate, tout est plate*), l'adverbe *debout* se prononce souvent [deboutte] au Québec : *y est pas encore deboutte, ça tient pas deboutte !* Cette prononciation ancienne (certains disent « archaïque ») est restée bien vivante dans la langue familière d'ici. Au début des années 1970, le mot a inspiré le nom d'un journal féministe radical :

QUÉBÉCOISES DEBOUTTE !

30. Un mot épicène est un mot qui ne varie pas selon le genre. *Triste* est un adjectif épicène.

Turquie, juin 2013 : l'*homme debout*, nouveau mode de désobéissance civile

La nouvelle s'est propagée d'abord dans les réseaux sociaux, puis dans les journaux du monde entier : lundi 17 juin, à la tombée de la nuit, un homme s'est planté au milieu de la place Taksim à Istanbul – haut lieu du mouvement de contestation contre le gouvernement islamo-conservateur du premier ministre Erdogan – et est resté debout, immobile, pendant plus de cinq heures pour protester contre l'interdiction de manifester. Il fut finalement arrêté par les forces de l'ordre pour « résistance à policier », puis relâché après un contrôle d'identité.

Dans les jours qui ont suivi, l'*homme debout* (*Duran Adam* en Turc), nouvelle figure de l'opposition à l'autoritarisme du gouvernement turc, a été rejoint et imité par des centaines de personnes, en Turquie et ailleurs dans le monde.

Des statues – manifestants immobiles – contre l'immobilisme et l'autoritarisme.

Dehors !

Si *debout !* est un appel à l'action, à la résistance, l'interjection *dehors !* est une invitation (pressante) à s'en aller, à partir, qui s'adresse, dans les périodes de crise sociale et politique, à ces dirigeants entêtés qu'on a assez vus et qu'on a envie de renvoyer, de congédier, parce qu'ils font partie bien davantage du problème que de la solution. *Hors d'ici ! Allez, ouste, dehors !*

Ce mot *dehors* – enfin son équivalent –, on l'a entendu, dans une autre langue, pendant le printemps arabe de 2011. Et on l'a entendu ici, au Québec, pendant le printemps étudiant de 2012 :

CHAREST DEHORS !
On va te trouver une job dans le Nord

Charest dehors ! Comme un écho au *Libérez-nous des libéraux*[31] du groupe Loco Locass, chanson qu'on avait beaucoup entendue lors de la grève étudiante québécoise de 2005...

---

31. *Libérez-nous des libéraux* : chanson du groupe québécois Loco Locass (lancée le 1er mai 2004) composée au lendemain des élections générales québécoises d'avril 2003 remportées par le Parti libéral de Jean Charest.

Petite histoire du mot *dehors*. ***Hors*** (milieu XIe) et ***dehors*** (XIIe), d'abord attestés sous les anciennes formes *fors* et *defors* (Xe), sont issus respectivement du latin *foris* « dehors » et du bas latin *deforis* « au-dehors de, à l'extérieur ». Alors que *dehors* a très tôt supplanté la forme *defors* (dès le XIIe siècle), les variantes *fors* et *hors* ont coexisté très longtemps, jusqu'à ce que *fors* sorte de l'usage au cours du XVIIe siècle. Ainsi *fors* (« excepté, sauf ») et la locution conjonctive *fors que* sont encore utilisés couramment au XVIe siècle, comme en témoigne cette phrase de Jacques Cartier, à propos des mœurs des Amérindiens, tirée du *Récit du second voyage en Canada* (1535-1536) : « Ils gardent l'ordre du mariage, *fors que* les hommes prennent deux ou trois femmes. »

Le mot *fors* est disparu depuis longtemps. On retrouve pourtant sa trace, ou celle de son ancêtre latin, dans de nombreux mots encore en usage aujourd'hui :

forain (XIIe, « étranger »), le marchand forain venant d'ailleurs ;
forêt (*forest,* XIIe), forêt en dehors de la commune ;
faubourg (XIIe), littéralement « hors bourg » ;
forcené (*forsené,* XIe) « qui est fou, hors de sens » ;
forfait (XIe), du verbe *forfaire* « agir en dehors de la loi » ;
fourvoyer (XIIe) « mettre hors de la voie ».

Mais c'est une autre histoire.

Engagés... sans *gages*

La chose n'est pas nouvelle, mais elle s'est notablement répandue depuis le *J'accuse* d'Émile Zola en 1898 : un écrivain, un artiste, un professeur, un intellectuel[32] prennent parti pour une cause politique, pour un mouvement de contestation sociale, dénoncent la gangrène généralisée de la corruption et du mensonge, s'élèvent contre une injustice (comme la condamnation pour outrage au tribunal d'un porte-parole étudiant), etc. On parle alors d'*engagement*.

Engagement : voilà encore un mot très ancien, mais dont l'emploi dans le sens d'« action de prendre parti publiquement, d'intervenir sur les problèmes sociaux et politiques » date seulement de la fin de la Deuxième Guerre.

En ancien français, le verbe ***engager*** (milieu XIIe), formé du préfixe *en-* et de *gage* « caution, garantie », signifie proprement « mettre en gage ». Pourtant, au

32. Curieuse coïncidence, le terme *intellectuel*, emprunté au XIIIe siècle au latin *intellectualis*, n'est employé couramment que depuis le dernier tiers du XIXe siècle, en particulier depuis l'affaire Dreyfus (1894-1906) : les antidreyfusards utilisaient le mot, en lui donnant une valeur nettement péjorative, pour qualifier les écrivains qui, à l'instar de Zola, ont pris le parti de l'officier Alfred Dreyfus, condamné à tort pour espionnage.

cours du XVIe siècle, le mot va prendre divers sens figurés plus ou moins (plutôt moins que plus) rattachés à l'idée de « gage » : celui de « lier par une promesse » (donner sa parole pour caution), celui de « faire entrer, faire avancer », celui de « commencer une action » (*engager le combat*) et, enfin, celui d'« embaucher ».

De *(s')engager* « se lancer dans une action » vient, vers 1945, un emploi spécialisé du verbe au sens de « prendre parti publiquement », de « se mettre au service d'une cause », d'où l'adjectif ***engagé*** « qui prend parti » : *un artiste engagé,* Le Déserteur *de Boris Vian, une chanson engagée.*

Le nom ***engagement*** (fin XIIe) a connu les mêmes développements sémantiques que le verbe dont il est issu : le mot sert, selon le contexte, à désigner une promesse, le fait de commencer (d'engager) une action, l'action d'embaucher, etc. Depuis 1945, le mot désigne aussi l'attitude de l'artiste, de l'intellectuel qui prend parti et intervient publiquement sur les questions sociales et politiques de l'heure.

Engager et son dérivé *engagement* sont formés, on l'a dit, à partir du mot *gage*. Or le nom masculin *gage* (*wage*, fin XIe, *gwage*, milieu XIIe) vient du francique (langue des Francs) *waddi*. Au singulier, le mot a gardé son sens d'origine, celui de « caution », de « ce qu'on dépose à titre de garantie » (*mettre en gage*). Au pluriel, le mot a pris, dès le XIIe siècle, le sens de « rémunération », de « salaire » (le mot s'applique spécialement au salaire des domestiques). Aujourd'hui *gages* est employé surtout (au pluriel) dans les locutions *être aux gages de* (quelqu'un) «être à son service moyennant argent» et *à gages* «payé pour faire un travail» (surtout dans *tueur à gages*).

Bien sûr, le lien étymologique entre *engagement* politique et *gage(s)* s'est complètement effacé, et pour cause : l'artiste, l'intellectuel engagé prend parti sans *gage* («garantie») ni *gages* («rémunération»).

Silencieuse majorité et *démagogie*

Majorité silencieuse : voilà une expression dont le succès médiatique et la portée idéologique ne se sont pratiquement pas démentis depuis la fin des années 1960. Une formule-choc qui nomme et fonde à la fois un grand mythe de la pensée de droite : l'idée selon laquelle la majorité, c'est-à-dire le plus grand nombre, forme un groupe idéologiquement homogène, celui des « classes moyennes » (une autre notion fourre-tout) dont les idées ou les opinions conservatrices – consacrées « l'opinion générale » – ne seraient jamais exprimées publiquement.

L'expression ***majorité silencieuse*** (1970) est la traduction littérale de l'anglais *silent majority*, formule popularisée par le président des États-Unis Richard Nixon dans un discours prononcé en novembre 1969[33] dans lequel il appelait « the great silent majority » (c'est-à-dire les Américains qui ne prenaient pas part aux bruyantes manifestations

---

33. Contrairement à une idée assez répandue, Nixon n'est pas le premier à avoir employé la formule. L'expression *silent majority* existait bien avant, mais dans un sens fort différent : au cours du XIXe siècle, on l'emploie comme euphémisme pour désigner le monde des MORTS – le nombre des morts étant bien supérieur à celui des vivants. Mais la formule est aussi utilisée, quoique plus rarement, dans un sens proche de l'acception actuelle.

contre la guerre du Viêt Nam) à l'appuyer. Si l'expression s'est surtout répandue depuis cette époque, les mots qu'elle rassemble sont beaucoup plus vieux.

Majorité (fin XIIIe) est un terme savant calqué sur le latin médiéval *majoritas*, dérivé de *major* « plus grand », qui a donné au français le doublet *maire* (adjectif au Xe) et *majeur* (XVIe). Au Moyen-Âge, le mot *majorité* est employé essentiellement dans le sens de « supériorité ». À partir du XVIe siècle, le mot prend un sens juridique qui a encore cours aujourd'hui, celui d'« âge à partir duquel une personne est considérée majeure » (*l'âge de la majorité civile*). Quant à l'emploi du mot dans le vocabulaire politique dans le sens du « plus grand nombre de voix dans une assemblée » (*proposition adoptée à la majorité*) et dans celui de « parti politique ou coalition de partis qui détient le plus grand nombre de sièges », il nous est venu, au cours du XVIIIe siècle, par emprunt à l'anglais *majority*, mot lui-même emprunté, deux siècles plus tôt, au français *majorité*. Depuis le XIXe siècle, le mot a pris dans l'usage courant le sens général de « plus grand nombre, plus grande partie » (par opposition à *minorité*). C'est le sens qu'on retrouve dans *majorité silencieuse*.

Le nom *silence* et l'adjectif *silencieux* viennent tous deux du latin, mais *silence* est plus ancien. ***Silence*** (fin XIIe) vient du latin *silentium*, dérivé de *silere* « être silencieux, se taire ». Le mot garde en français les deux nuances de sens de son ancêtre latin, celui de « fait de se taire » (*garder le silence*) et celui d'« absence de bruit », de « calme » (*le silence de la nuit*). Le mot est passé à l'anglais au cours du Moyen-Âge. L'adjectif ***silencieux*** (début XVIe) est pour sa part un emprunt tardif au latin *silentiosus*. L'adjectif reprend selon le contexte (comme son cousin anglais *silent*, de même origine) les deux sens du mot *silence*, soit celui de « qui garde le silence » (*un homme silencieux*) et celui de « tranquille » (*une maison silencieuse*). Dans *majorité silencieuse*, il n'est évidemment pas question d'une majorité « tranquille » (au contraire, elle s'inquiète parfois, cette majorité silencieuse, elle s'agite, elle s'émeut), mais d'une « majorité » qui se tait, ou qui parle tout bas, d'une « majorité » qui n'exprime pas ouvertement (sinon en votant ou dans les sondages d'opinion) ses opinions conservatrices ou même réactionnaires.

Depuis le début des années 1970, l'expression *majorité silencieuse*, reprise par de nombreux politiciens autant en France, aux États-Unis qu'ici même au Québec, a connu une fortune certaine. On l'utilise à toutes les sauces. On l'invoque, cette fameuse *majorité*, dès qu'éclate un conflit ou que se déploie un mouvement de contestation. Lors de la crise étudiante du printemps 2012, Line Beauchamp (alors ministre de l'Éducation), qui restait pourtant sourde[34] aux revendications d'une « minorité » tapageuse, a maintes fois répété qu'elle préférait être « à l'écoute de la majorité silencieuse ». Il faut dire qu'on s'y connaît, au Parti libéral, en matière de majorité silencieuse. Devant les multiples scandales de corruption qui éclataient toutes les semaines et qui éclaboussaient le parti, ses membres semblaient s'être donné le mot : ne pas prononcer un traître mot, garder le silence, passer sous silence. À moins qu'on ne les ait réduits au silence, qu'on leur ait imposé le silence. La loi du silence, en somme.

À l'écoute… de la silencieuse majorité, disait donc la ministre Beauchamp. Nous voici au fond de toute l'affaire : cette *majorité silencieuse*, qu'il suffit de nommer pour la faire exister, n'existera jamais que pour s'opposer à la *minorité agissante*, à cette « minorité » très active qui envahit les rues, parle fort et proteste. Ce n'est pas un hasard si, tout au long du printemps étudiant, on s'est ingénié, dans certains médias comme le journal *La Presse* ou le réseau TVA, à présenter le mouvement de contestation étudiante – et ce même au lendemain d'une mani-

34. *Sourd* (*surt*, milieu XIe) « qui n'entend pas » vient du latin *surdus*. Au figuré l'adjectif signifie aussi « qui ne veut pas entendre, qui reste insensible ».

festation rassemblant plus de 250 000 personnes – comme celui d'un « infime minorité[35] ».

Des commentaires qu'on nous martèle, des éditoriaux qui puent la partialité et la malhonnêteté intellectuelle, des sondages maison, autant d'ingrédients, autant de moyens qui contribuent à la fabrication du grand mythe de la *majorité silencieuse*, et qui, à l'inverse, visent à minimiser et à marginaliser un mouvement social d'une ampleur jamais vue. Voilà qui illustre bien aussi ce qu'on appelle la *démagogie* : l'attitude consistant, en politique, à flatter, à exploiter (et à façonner en même temps) les sentiments, opinions et préjugés du plus grand nombre (la « majorité ») pour garder sa faveur et, ultimement, conserver le pouvoir.

Le ***démagogue*** (*dêmagôgos*), étymologiquement celui « qui conduit le peuple », la ***démagogie*** (*dêmagôgia*) et le discours ***démagogique*** (*dêmagôgikos*) ne datent pas d'hier, mais les trois mots, empruntés au grec ancien, ne sont entrés dans l'usage courant, avec leur valeur péjorative, qu'en 1790, pendant la Révolution. Dans *démagogue*, on reconnaît les éléments *dêmos* « peuple » (*démocratie, démographie*) et *–agôgos* « qui conduit » (*pédagogue*). Depuis le début des années 1970, on dit familièrement *démago* : *ce chroniqueur, quel démago !*

---

35. L'expression est d'André Pratte (« Une "crise" artificielle », *La Presse*, 13 avril 2012).

C'est la faute aux *radicaux* !

Il n'est pas rare – ou plutôt il est assez courant – qu'au moment où s'envenime un conflit social ou qu'un mouvement de contestation prend une ampleur imprévue, le pouvoir en place, histoire de tenter de diviser le mouvement, en impute la responsabilité à quelques éléments *radicaux*.

Depuis maintenant deux siècles, on qualifie de *radicales* les personnes, les organisations, les idées qui s'opposent énergiquement voire absolument au système politique en place, les personnes qui prônent une rupture complète avec les institutions politiques traditionnelles, avec les valeurs dominantes. On qualifiera aussi de *radicaux* les éléments les plus intransigeants d'un mouvement ou d'une organisation, par opposition à celles et ceux qui sont davantage disposés à faire des compromis, des concessions. Enfin le mot *radical* est aussi pris au sens général d'« absolu », de « complet ». On dira, par exemple, qu'entre le point de vue du gouvernement et celui des organisations étudiantes, il y a une divergence *radicale*, un écart *radical*.

Ces emplois de l'adjectif et du nom *radical* dans le domaine sociopolitique (*un groupe radical, l'aile radicale d'un syndicat, des radicaux*) ne se sont développés qu'assez tardivement (vers le début du

XIXe siècle) sous l'influence de l'anglais. Nous y reviendrons.

Mais le mot *radical*, à l'instar de son dérivé *radicalement*, est beaucoup plus ancien. ***Radical*** (XIVe) est un emprunt savant au bas latin *radicalis*, lui-même dérivé du latin *radix, radicis* « racine[36] ». L'adjectif *radical*, qui remonte à l'idée de « racine » puis, au figuré, à celle de « base, fondement », signifie à l'origine « ce qui se rattache à la racine » ou encore « ce qui tient à l'essence même d'une chose, d'un être », ou, si l'on veut, ce qui est « fondamental ». Par extension, on qualifiera de *radical* ce qui agit sur la cause fondamentale, sur l'essence de ce qu'on veut transformer : *une cure radicale, une mesure radicale, une réforme radicale*. Enfin, par extension encore, l'adjectif a pris le sens général de « fondamental », « absolu, complet » : *un changement radical, un refus radical* (« catégorique »).

L'emploi spécialisé du terme *radical* en politique apparaît vers 1820, par emprunt à l'anglais *radical* (de même origine que le mot français), le mot ayant connu dans cette langue un glissement sémantique assez remarquable du sens « complet, absolu » à celui de « qui est en faveur d'un changement fondamental dans la société » ou encore de « personne qui a des

---

36. Étymologiquement parlant, *radical* appartient donc à la même famille que *racine* (milieu XIIe), *radis* (début XVIIe, par l'italien *radice*), *arracher* (*esrachier*, début XIIe, du latin *eradicare*), *éradiquer* (milieu XXe), etc.

idées *radicales* », spécialement des idées qui se situent très à gauche.

Par influence de l'anglais nous viennent aussi les dérivés :

> ***radicalisme*** (1820, anglais *radicalism*) ;
> ***radicaliser*** (fin XIXe, anglais *to radicalize*) « rendre plus extrême » « durcir » (*Devant l'attitude de mépris du gouvernement, nombre d'étudiants se sont radicalisés*) ;
> et, bien sûr, ***radicalisation*** (vers 1930, anglais *radicalization*)… *On assiste à une radicalisation du conflit.*

Idéologie et *idéologues*

La langue française n'a cessé, depuis le XVIe siècle, de s'enrichir de mots savants par des emprunts au latin (*carnivore, dentifrice, régicide*) mais aussi au grec (*bibilothèque, polygame, pseudonyme*). Toutefois, à partir du XVIIIe siècle surtout, bon nombre de termes scientifiques, techniques ou didactiques – dont plusieurs sont entrés dans l'usage courant – ont été, non pas empruntés, mais **construits** à partir de **racines latines** ou **grecques**. Ainsi des mots comme *somnambule* (de *somnus* « sommeil » et *ambulare* « marcher », fin XVIIe), *calorifère* (début XIXe) et *manucure* (fin XIXe) ont été créés à partir d'éléments empruntés au latin, alors que *autobiographie* (1836), *pédophile* (fin XIXe) et *pyromane* (milieu XIXe) sont construits à partir de racines grecques. Ces **composés savants**, bien qu'ils soient formés d'éléments empruntés à ces langues classiques, n'ont jamais existé en latin et en grec.

Le terme *idéologie* appartient à cette catégorie de mots : c'est un composé savant, aujourd'hui d'usage courant en politique, qui en outre a connu, au cours du XIXe siècle, une importante évolution de sens. Le mot ***idéologie***, composé des éléments *idéo-* (du grec *idea* « idée, forme ») et *–logie* (du grec *logos* « science, discours »), a été créé par le philosophe Destutt de

Tracy en 1796 pour nommer une science ayant pour objet l'étude des idées, de leur origine et de leurs lois. Ce sens originel du mot est désormais rattaché à l'histoire de la philosophie. À peine quelques années plus tard, au début du XIXe siècle, le terme est utilisé pour la première fois de manière péjorative avec le sens de « discussions oiseuses », d'« analyses décrochées du réel » ou d'« idées creuses », sens dans lequel, on le verra plus loin, le mot est encore (parfois) utilisé de nos jours.

C'est seulement dans la deuxième moitié du XIXe siècle que le mot *idéologie* commence à être employé dans un sens voisin de son sens moderne, qui lui vient en grande partie de la théorie marxiste. L'idéologie est définie communément comme un ensemble plus ou moins organisé d'idées, de pensées, de doctrines (*l'idéologie nationaliste, l'idéologie conservatrice*). Du point de vue strictement marxiste[37], l'idéologie, c'est, à une époque donnée, l'ensemble des idées, des représentations propres à une société, à un groupe, en particulier à une classe sociale : une vision de classe qui est déterminée par la place de cette classe dans les rapports sociaux de production et par son rôle dans les rapports de classes, dans la lutte des classes. Il y aurait donc des idéologies de classe : *l'idéologie bourgeoise, l'idéologie prolétarienne, l'idéologie petite-bourgeoise*.

---

37. La théorie marxiste de l'idéologie a été développée surtout dans l'ouvrage de Marx et Engels *L'idéologie allemande* (1846).

Mais il y a plus. Les idéologies de classe, les représentations propres à chaque classe, n'ont pas toutes un statut égal et, surtout, elles ne disposent pas des mêmes moyens de diffusion :

> Les pensées de la classe dominante sont aussi, à toutes les époques, les pensées dominantes, autrement dit la classe qui est la puissance *matérielle* dominante de la société est aussi la puissance dominante *spirituelle*[38].

Dans une société donnée, il y aurait donc une **idéologie dominante**, et celle-ci ne serait jamais que l'idéologie de la classe dominante. L'idéologie dominante, c'est la vision, l'ensemble des représentations, le système de valeurs que la classe dominante cherche à transmettre et à imposer par l'intermédiaire d'un certain nombre d'institutions (la presse écrite et les médias, le système scolaire, l'appareil religieux, l'appareil politique, la culture, etc.) que le philosophe marxiste Louis Althusser a appelées les *appareils idéologiques d'État*[39].

Même si la définition moderne de l'idéologie est largement tributaire du marxisme, il est remarquable que le terme *idéologie* est aujourd'hui employé, selon le contexte, aussi bien dans le sens strict d'idéologie

---

38. K. Marx, et F. Engels, *L'idéologie allemande*, Paris, Éditions sociales, classiques du marxisme, 1966 (p. 74).

39. Louis Althusser, « Idéologie et appareils idéologiques d'État (notes pour une recherche) », revue *La Pensée*, n° 151, juin 1970.

politique ou d'idéologie de classe que, par extension, dans celui de « système de pensée », de « vision du monde ». On pourrait dire de l'idéologie ce que Jacques Prévert a dit de la poésie[40] : elle est partout (« comme Dieu n'est nulle part »), c'est-à-dire dans toutes les régions de la vie sociale ou privée. L'idéologie est autant dans nos idées politiques, dans nos valeurs morales, dans notre vision du monde que dans nos points de vue sur des questions comme le mariage homosexuel, l'immigration, le réchauffement climatique, la hausse (ou le gel) des droits de scolarité, les redevances minières, la présence des femmes dans certains milieux de travail, la violence au hockey ou le suicide assisté.

Pourtant, si l'idéologie est partout, il est rare – surtout à droite, mais pas seulement là – qu'on la reconnaisse dans son propre discours, dans ses propres représentations. Un des traits distinctifs de l'idéologie bourgeoise dominante, et du conservatisme en général, n'est-il pas de tenter de se situer en dehors de l'espace idéologique, de tenter de brouiller son essence, de masquer son nom, de se présenter comme un ensemble de valeurs innées, voire « naturelles » ? On le voit aussi lors des conflits sociaux : pour la droite au pouvoir et pour les

40. Prévert, à propos de la poésie : « La poésie, c'est ce qu'on rêve, ce qu'on imagine, ce qu'on désire et ce qui arrive, souvent. La poésie est partout comme Dieu n'est nulle part. » C'est un énoncé idéologique, bien sûr. L'énoncé contraire le serait tout autant.

défenseurs des idées néolibérales, l'*idéologie* est nécessairement du côté de la rue, de la contestation, du côté du *romantisme révolutionnaire* auquel on opposera le *réalisme* et le *pragmatisme* (considérés comme non idéologiques) du pouvoir.

★

Le terme *idéologie* n'a que deux dérivés courants, apparus au début du XIXe siècle : *idéologique* et *idéologue*.

L'adjectif ***idéologique*** (1801) a connu la même évolution de sens que le nom *idéologie*. Le mot sert généralement à qualifier « ce qui est relatif à l'idéologie » : *la lutte sur le terrain idéologique, la portée idéologique d'une formule.* Pendant le printemps étudiant de 2012, on s'est livré, dans le discours officiel, à un véritable détournement du sens des mots (comme *grève, droit à l'éducation* ou *juste part*) à des fins *idéologiques*. Notons à cet égard que l'adjectif s'applique aussi, avec une valeur nettement dépréciative cette fois, à ce qui est dicté ou motivé uniquement par l'idéologie : *une nomination idéologique, de l'aveuglement idéologique.*

Le nom ***idéologue*** (1800) est encore plus marqué péjorativement, même si, à l'origine, le mot s'est appliqué au philosophe disciple de l'*idéologie* « étude des idées »... Le mot *idéologue* – à l'instar d'*idéologie* employé dans le sens d'« analyses coupées du réel » – a très tôt désigné un doctrinaire, un esprit dogmatique, une personne qui se laisse guider par les théories, par les idées, souvent au mépris des faits, de la réalité : *c'est un idéologue, il cherche à plier les faits réels à ses théories.*

Au Sud de la Fente (1909) de Jack London : l'histoire d'un conflit idéologique

La nouvelle *Au Sud de la Fente* (*South of the Slot*) figure, à côté du roman *Le Talon de Fer* (1907), parmi les œuvres « socialistes » de Jack London, trop souvent considéré exclusivement (et à tort) comme un auteur de romans d'aventures pour la jeunesse.

*Au Sud de la Fente** raconte l'histoire pour le moins fantaisiste (et humoristique) d'un homme qui a une double personnalité : l'une bourgeoise (Freddie Drummond), l'autre prolétarienne (Bill Totts). Freddie Drummond est un professeur de sociologie dont l'objet d'étude est le monde ouvrier. Aux fins de ses recherches, Drummond quitte souvent les quartiers riches et respectables du nord de San Francisco pour aller vivre parmi les ouvriers, au sud de la Fente**, où se trouvent les usines, les ruelles sales et les taudis. Ses expériences et ses observations sur le terrain lui permettent d'écrire des ouvrages bien-pensants « représentant tout ce qu'il y a de plus orthodoxe au point de vue politique et économique ».

Au début, malgré sa bonne volonté, le sociologue aux idées conservatrices éprouve de la difficulté à vivre parmi les travailleurs, à comprendre leurs manières, leur argot et leur vision de classe, ce qui lui vaut d'ailleurs quelques ennuis. Mais bientôt, Drummond se découvre des talents d'acteur : il apprend à s'intégrer au milieu ouvrier, adopte progressivement ses habitudes, apprend son langage. Il se sent de plus en plus à l'aise dans ce monde et s'y rend désormais avec plaisir. Lui, homme froid, conformiste, peu démonstratif, traverse toujours plus souvent au sud de la Fente où il se fait appeler Bill Totts. Mieux, dès qu'il franchit la Fente, il adopte une autre personnalité, totalement différente de celle du professeur de sociologie : il fume et boit, aime les saucisses et le lard, rit fort, lâche des jurons, se montre familier avec ses camarades et ne déteste pas se bagarrer à l'occasion. Surtout, Bill Totts, aussitôt traversé au sud, adopte la vision de classe des ouvriers : « il éprouvait la solidarité de classe commune aux gens de son espèce, et [...] sa haine contre les briseurs de grève dépassait même la moyenne de celle des syndiqués sincères ».

Toutefois, cette cohabitation, cet équilibre apparent des personnalités de Freddie Drummond/Bill Totts, passant presque naturellement d'un monde à l'autre, ne peut pas durer. Les choses vont se compliquer, et le conflit idéologique va s'exacerber pour une histoire de femmes : alors que Freddie Drummond envisage d'épouser l'aristocratique Catherine Van Vorst, fille d'un membre éminent de l'université, Bill Totts, de son côté, est tombé amoureux de la très exubérante Mary Condon, présidente du Syndicat international des gantières, local 974.

Deux voies s'offrent alors au personnage : rester Freddie Drummond et épouser Catherine ou devenir Bill Totts pour toujours. Après bien des hésitations – et après avoir fait le choix sage et rationnel de rester au nord –, Drummond se trouve pris, malgré lui, dans un affrontement de rue entre bouchers en grève et policiers, et se jette impulsivement dans la mêlée pour venir en aide à ses camarades... C'est finalement la personnalité prolétarienne qui l'emporte. On n'entendra plus jamais parler de Freddie Drummond, tandis que Bill Totts, chef travailliste, va épouser Mary Condon et vivre le reste de sa vie au sud de la Fente, dans le ghetto du travail.

* Jack London, « Au Sud de la Fente », dans *Les Temps maudits* (textes choisis et présentés par Francis Lacassin), collection « 10-18 », Paris, 1973.

** La « Fente » qui partage le Vieux San Francisco en deux moitiés est aussi, précise le narrateur, « une fente métaphorique exprimant le dédoublement de la société en classes ».

La crise : hausse du *chômage*, baisse des *salaires*

Les crises économiques n'apportent rien de bon. Qu'il s'agisse de la grande crise de 1929, de la récession de 1980-1982 ou de la grave crise financière de 2008 (dont les effets dévastateurs sont encore ressentis dans plusieurs pays, notamment en Europe), une crise n'est génératrice que de pertes d'emplois, de baisses de salaire, de désespoir et de colère.

Crise, chômage et *salaire* : voici trois mots qui ont connu une évolution de sens assez singulière, trois mots dont le lien étymologique – avec l'idée de « décision » pour le premier, avec la « chaleur » pour le second et avec le « sel » pour le troisième – s'est tout à fait effacé avec le temps.

Crise (fin XIVe) est issu du latin médical *crisis* « phase décisive d'une maladie ». Le mot latin est lui-même emprunté au grec *krisis* « décision ». Le mot *crise* est, à l'origine, un terme savant désignant une phase critique d'une maladie, une attaque (*crise de foie*) et, par extension dans le domaine psychologique, une manifestation émotive subite et violente (*crise de nerfs*). Il faut attendre la fin du XVIIe siècle pour que le mot s'applique, par analogie, à une période critique, à une rupture d'équilibre, à une phase grave de perturbation dans l'évolution des événements. À partir du XVIIIe siècle, le mot s'emploie dans différents domaines de la vie sociale[41] et politique : *crise politique, crise sociale, crise financière, crise de confiance, crise des valeurs.* Quand, au printemps 2012, le conflit opposant étudiants endettés et gouvernement entêté était à son paroxysme et entrait dans sa phase décisive, on commença à parler non plus seulement de conflit étudiant, mais de *crise sociale*[42].

Au Moyen-Âge, le verbe *chômer* signifiait « se reposer », plus spécialement « ne pas travailler pendant les jours fériés ». Cette première acception du verbe est étroitement liée à son origine étymologique. En effet, le verbe ***chômer*** (XIIe) vient du bas latin *caumare* (dérivé du latin d'origine grecque *cauma* « forte chaleur »), mot signifiant proprement « se reposer pendant la forte chaleur » (surtout en parlant des paysans). Le sens actuel de *chômer* « ne pas travailler par manque d'emploi », c'est-à-dire « ne pas avoir de travail », s'est développé au début

41. Le mot peut également s'appliquer à une grave pénurie : *crise du logement.*

42. Cela n'a pas empêché l'ineffable André Pratte d'affirmer, dans son commentaire éditorial intitulé « Une "crise" artificielle » (*La Presse*, 13 avril 2012), qu'il n'y avait pas de crise sociale au Québec : « À entendre les leaders étudiants, leurs sympathisants, les médias et les partis d'opposition, le Québec traverse ces jours-ci une grave crise sociale. Il n'en est rien. » L'auteur en rajoutait en parlant avec condescendance des centaines de milliers d'étudiantes et d'étudiants en *grève* (mais en évitant soigneusement d'utiliser le mot interdit) comme d'étudiants faisant « l'école buissonnière » ! De quoi faire une crise.

du XVIIIe siècle. C'est le sens qui s'est imposé dans l'usage courant depuis le XIXe siècle, dans le contexte du capitalisme triomphant. Le nom ***chômage*** (XIIIe), dérivé de *chômer*, a connu la même évolution sémantique que le verbe. Le mot est employé, depuis le XIXe siècle, surtout dans le sens de « cessation forcée du travail », d'« inactivité due à un manque de travail » (*ouvriers en chômage*), d'où ***chômeur***, ***chômeuse*** (1876). Nous le savons depuis longtemps – seuls les penseurs de la droite économique et les chasseurs de chômeurs semblent l'ignorer –, le chômage n'a rien à voir avec le repos, ni avec la chaleur.

Quant au mot *salaire*, il a bel et bien un lien étymologique avec le sel. ***Salaire*** (milieu XIIIe) est un emprunt savant au latin *salarium* (dérivé de *sal* « sel »), mot signifiant à l'origine « ration de sel » et, par extension, « argent (donné aux soldats) pour acheter du sel » ou, si l'on préfère, « solde[43] militaire ». Mais, dès l'ancien français, le lien entre *salaire* et « sel » n'est plus perçu, et le mot a déjà le sens général de « rémunération d'un travail ou d'un service » : *À travail égal, salaire égal, un gel de salaires, le salaire minimum.*

---

43. À propos des mots *solde* et *soldat* et de leur parenté, voir plus haut la rubrique *Solidaires* : *soudés* dans la lutte contre le pouvoir des gros *sous*.

Payer sa *juste part*... pour la *paix* sociale ?

On connaît la chanson[44] : en temps de crise économique, le premier réflexe des gouvernements gestionnaires est d'en faire porter le fardeau par les classes populaires, par les travailleurs et les travailleuses, par les simples citoyens. Pour faire avaler la pilule, on nous raconte que nous sommes tous dans le même bateau, qu'il faut contribuer à l'effort collectif et que chacun doit faire (c'est-à-dire payer) sa part. Et cette part qu'on nous réclame, on claironne partout qu'elle est juste. La *juste part*.

Le syntagme *juste part* est formé de deux mots d'origine latine. Commençons par le terme *juste* (milieu XIIe) et son antonyme *injuste* (fin XIIIe), empruntés respectivement au latin *justus* « juste, équitable » et au latin *injustus* « contraire à la justice, à l'équité ». *Juste*, comme son ancêtre latin, se rattache d'abord à l'idée de « justice », d'« équité » (*une sentence juste*), puis, vers la fin du XIIIe siècle, à celle

44. *Chanson* (fin XIe) vient du latin *cantio, cantionis*. Le mot, qui désigne un texte mis en musique (Les feuilles mortes, *une chanson de Prévert et Kosma*), s'applique aussi au figuré, dans certaines expressions familières, à des propos rebattus, à une formule répétée inlassablement : *C'est toujours la même chanson* (on dit aussi *le même refrain, la même rengaine*).

de «justesse» et d'«exactitude» (*le mot juste*), d'où, à la fin du XVIe siècle, le sens figuré de «conforme à la raison, à la vérité, au bon sens» (*un raisonnement juste*). Puis, par un curieux glissement de sens, le mot est passé, au XVIIe siècle, de l'idée de «qui convient bien, qui est exact» à celles d'«étroitesse» (*un vêtement trop juste*) et d'«insuffisance» ou «qui suffit à peine» (*pour trois, c'est plutôt juste*). Aussi l'expression familière ***être un peu juste*** s'applique-t-elle à une personne qui n'a pas beaucoup de ressources, qui manque d'argent: *quelle «juste part» pour l'étudiante qui est déjà un peu juste?* Notons que *juste* (comme *injuste*) appartient à la grande famille des descendants de *jus, juris* «le droit», famille qui compte des mots comme *justice* (XIe, latin *justicia*), *injustice* (XIIe, latin *injusticia*), *justifier* (XIIe, latin *justificare*), *juridique* (XVe, latin *juridicus*), *juriste* (XIVe, latin *jurista*) et *injure* (XIIe, latin *injuria*). Quant aux termes *justement* (fin XIIe), *justesse* (début XVIIe), *ajuster* (XIIIe), *ajustement* (XIVe), etc., ce sont des dérivés français de *juste*.

Le mot *part* est plus ancien que le mot *juste*. *Part* (milieu IXe), d'abord attesté dans le sens de «côté, direction» (comme dans *de toutes parts*), vient du latin *pars, partis*. Comme le mot latin dont il est issu, le terme *part* a pris différents sens contextuels. Outre le sens déjà mentionné de «côté, partie d'un lieu, direction» qu'on retrouve dans des locutions comme *de part et d'autre, nulle part* ou *quelque part*, le mot se rattache surtout à l'idée de «partage», de

« répartition ». Ainsi, *part* désigne autant ce qui revient à chacun, la partie attribuée à chaque personne dans un partage (*avoir, prendre sa part*) que la contribution, la participation de chacun à une entreprise (*faire sa part, payer sa part*), d'où l'expression *prendre part à* « participer ».

On appelle *partage* l'action de partager ainsi que son résultat : la répartition d'un tout en parts… Rien n'assure toutefois que cette répartition soit équitable ou juste. On peut diviser *en parts égales*. Mais il arrive aussi que quelques-uns s'attribuent la meilleure part, *la part du lion*, pendant que les autres doivent se contenter de ce qui reste, de *la part du pauvre*. Aux uns leur *part du butin*, leur *part du gâteau*, aux autres les miettes. Pourtant quand il s'agit d'établir ce que chacun doit donner (et non prendre ou recevoir), on ne manque pas de nous rappeler la règle d'or : *que chacun paye sa (juste) part*. Mais peut-on parler de *partage* équitable dans une société marquée par l'accroissement des inégalités de toutes sortes ? Et qu'est-ce que sa *juste part* (la juste contribution de chacun au fardeau de la dette et aux charges sociales) dans un contexte de mondialisation qui invite le bien nanti à la désolidarisation sociale, à l'évasion, à la fuite vers un paradis fiscal ? Dans une société dans laquelle le citoyen ordinaire, le plus souvent exclu de la répartition des richesses, n'est jamais convié qu'au partage des déficits et des mesures d'austérité ?

Mais revenons au mot *partage*, qu'on est porté spontanément (et à tort) à faire remonter au verbe *partager*. En réalité, le nom ***partage*** (fin XIIIe) est dérivé du vieux verbe ***partir*** (fin X^e^, du latin populaire *partiri*, dérivé de *pars, partis*), qui a d'abord signifié « partager, séparer en parts » avant de prendre au milieu du XIIe siècle, par glissement de sens depuis l'idée de « séparation », le sens actuel de « s'en aller, quitter un lieu ». Le verbe *partir* au sens de « partager » a subi, dès l'ancien français, la concurrence de *partager* (fin XIVe, dérivé de *partage*) qui a fini par l'éliminer au cours du XVIIe siècle. On en découvre toutefois la trace dans ses dérivés *départir* (fin XIe) et *répartir* (milieu XIIe) ainsi que dans la locution ***avoir maille à partir***, qui nous rappelle que le partage est un exercice difficile même quand il ne concerne qu'une toute petite somme.

Avoir maille à partir : quand le partage est impossible

Dans *avoir maille à partir*, c'est la réunion de *maille* et de *partir*, deux mots si familiers en apparence, qui déroute le locuteur d'aujourd'hui. Or la *maille* dont il s'agit ici n'a rien à voir avec son homonyme qu'on trouve dans *les mailles du filet*. Le mot **maille** (milieu XIIe), issu du latin populaire *medalia* (lui-même dérivé de *medius* « demi ») désignait, au

Moyen-Âge, une pièce d'un demi-denier, c'est-à-dire la plus petite pièce de monnaie en usage à cette époque. Quant au verbe ***partir***, il est pris ici dans son sens archaïque de « partager, diviser ».

L'expression ***avoir maille à partir*** signifie donc, étymologiquement, avoir à partager, à diviser, une maille, la plus petite pièce de monnaie par définition indivisible, d'où le sens figuré d'« avoir un démêlé, un différend avec quelqu'un ».

Que chacun paye sa part. ***Payer*** : voilà un autre mot français qui a une origine étonnante, puisqu'il remonte étymologiquement à l'idée de « paix ». Le mot vient, en effet, du latin *pacare* « faire la paix », dérivé de *pax, pacis* « paix ». Le verbe *payer*, attesté dès la fin du xe siècle sous la forme *paier*, a d'abord eu le sens de « se réconcilier avec », d'« apaiser ». Au cours des xie et xiie siècles, *payer* est peu à peu passé du sens d'« apaiser » à celui de « satisfaire avec de l'argent », puis à celui de « donner à quelqu'un ce qui est dû » (fin xiiie). Parmi les dérivés de *payer*, certains méritent d'être signalés :

- le nom *payeur* (*paieur*, milieu xiiie), le plus ancien ;
- l'adjectif *impayable* (fin xive), proprement « qu'on ne peut payer », employé ironiquement

depuis la fin du XVIIe siècle dans le sens « d'une bizarrerie extraordinaire » (*il est impayable, ce ministre des Finances*) ;

- l'adjectif *impayé* (fin XVIIIe) comme dans *factures impayées* ;
- et, enfin, le verbe *sous-payer*, entré dans l'usage depuis seulement les années 1960… bien que la réalité existe depuis toujours (*un emploi sous-payé, des travailleuses sous-payées*).

À l'instar de *partage*, dont le lien de parenté avec le vieux verbe *partir* n'est plus perçu depuis longtemps, le lien de *payer* avec *paix* s'est effacé dès l'ancien français. Et qui nous ferait croire aujourd'hui que c'est en obligeant le citoyen à payer son injuste part qu'on fera régner la paix sociale ?

Patronage, *graissage* et autres *magouilles* : de la *corruption* et du *vol*

Il est rare qu'une crise sociale éclate pour une seule raison. Lors du printemps québécois de 2012, la lutte contre la hausse des droits de scolarité a certes été un déclencheur – l'étincelle qui a mis le feu à la plaine – et l'élément moteur de la crise. Mais, comme en témoigne l'ampleur qu'a prise la mobilisation populaire, ce qui a commencé comme une grève étudiante est rapidement devenu un vaste mouvement d'opposition au « pragmatisme » néolibéral et de lutte contre l'alliance du pouvoir politique et de l'argent. Ce n'est pas tout. Il y avait, au centre de cette flambée de contestation sociale, une sorte de ras-le-bol généralisé, un profond sentiment d'injustice, une sorte de haut-le-cœur, alors qu'éclataient au grand jour des scandales de toutes sortes qui éclaboussaient le monde politique : financement occulte, collusion, patronage, corruption. Pendant qu'on nous réclamait notre injuste part, ailleurs on se partageait le butin, le produit du vol.

Corruption et *collusion* ont au moins deux choses en commun au point de vue de l'étymologie : ce sont des emprunts savants au latin – c'est-à-dire des mots pris tels quels dans le latin écrit et simplement adaptés en français – et ils comportent tous deux le préfixe *co- (com-, con-)* issu de la préposition latine *cum* « avec ».

Le verbe *corrompre* et le nom *corruption* datent du milieu du XIIe siècle. ***Corrompre*** vient du latin *corrumpere*, formé de *cum* et de *rumpere* (qui a donné *rompre*), verbe signifiant « détruire », « détériorer ». En français, le mot a d'abord eu le sens concret, aujourd'hui vieilli, de « gâter, avarier, pourrir » (*la chaleur corrompt la viande*). À partir de la fin du XIIIe siècle, le mot est employé surtout dans le sens moral d'amener quelqu'un (par des promesses, des cadeaux, de l'argent) à agir contre son devoir et contre sa conscience : *corrompre un juge, un ministre, un fonctionnaire*. On dit aussi *acheter, soudoyer*. Le participe passé ***corrompu*** (à l'origine « pourri, en décomposition ») s'emploie généralement dans le sens moral (et figuré) de « qui se laisse soudoyer » : *des dirigeants corrompus, un juge corrompu*. Les synonymes de *corrompu* sont très souvent, comme lui, des mots pris au sens figuré. Pensons à *pourri*, à *vendu* ou à *véreux* (signifiant proprement « gâté par les vers ») : *politiciens pourris, juge vendu, financiers véreux...* En face de tous ces personnages *corruptibles* (fin XIIIe, du latin *corruptibilis*) se dressent heureusement une poignée d'*incorruptibles* (milieu XIVe, du latin *incorruptibilis*) ! Le nom ***corruption***, emprunté au latin *corruptio*, a connu la même évolution de sens que le verbe. Le mot, qui a le sens concret de « pourriture », s'est spécialisé dans le sens d'« action de corrompre moralement quelqu'un », c'est-à-dire l'action d'*acheter* ou de *soudoyer* une personne, l'action de lui *graisser la patte*. Figurent dans le champ lexical de la corruption des termes aussi évocateurs que *dessous-de-table, pot-de-vin* et *enveloppe* (*brune* de préférence).

La collusion, petite sœur de la corruption, est une entente secrète, une conspiration, en vue de tromper ou de causer un préjudice à un ou des tiers. Il y a collusion quand, par exemple, des entrepreneurs s'entendent frauduleusement, avec la complicité de fonctionnaires et d'élus, non seulement pour l'octroi des contrats, mais aussi pour faire gonfler le coût des travaux. Le terme *collusion* a une origine assez surprenante puisqu'il remonte étymologiquement à l'idée de « jouer ensemble » : ***collusion*** (début XIVe) est un emprunt au latin *collusio*, lui-même dérivé du verbe *colludere* formé de *cum* « avec » et de *ludere*[45] « jouer ». La *collusion* est une sorte de jeu payant, un jeu dont seuls les initiés connaissent les règles. C'est une affaire de secret, de complicité ou, mieux, de ***connivence*** (1539), mot qui ramène au verbe latin *connivere* « cligner des yeux, fermer les yeux », d'où, au sens figuré, la complicité, l'accord tacite.

⋆

Les termes québécois *patronage, graisser* et *graissage* sont autant de témoins gênants de nos mœurs

---

45. L'adjectif *ludique* (début XXe), dérivé savant de *ludus* « jeu », fait partie de la même famille.

politiques. On pourrait ajouter le mot *partisanerie.* Tous ces mots sont entrés en usage entre la fin du XIXe siècle et le début des années 1920, et tous sont signalés dans la première édition (1930) du *Glossaire du parler français au Canada*[46].

Le mot ***partisanerie*** (aussi écrit *partisannerie*), dérivé de *partisan*, n'est pratiquement en usage qu'au Québec où on l'entend très fréquemment. Le mot s'applique généralement à une attitude partisane, à l'esprit aux préjugés de parti ou encore à un parti pris politique : *c'est de la (petite, basse) partisanerie !* L'esprit de parti et les intérêts partisans conduisent souvent, une fois qu'on est au pouvoir, au favoritisme politique, ou, comme on l'appelle ici, au *patronage*. Le terme *patronage* est un mot français employé, dans tous les autres pays francophones, dans le sens de « parrainage » (sans lien avec *parrain* « chef mafieux » !), c'est-à-dire d'appui donné à une œuvre par une personnalité ou par un organisme. Or le terme ***patronage***, en usage au Québec depuis la fin du XIXe siècle, résulte de l'influence du sosie anglais *patronage* qui, en plus du sens de « soutien » ou de « parrainage », a développé, en anglais américain, le sens particulier de « nomination d'amis politiques », de « népotisme, favoritisme politique ». Le québécisme *patronage*

---

46. Société du parler français au Canada, *Glossaire du parler français au Canada*, Presses de l'Université Laval, Québec, 1968 (première édition 1930).

« favoritisme » est donc considéré comme un anglicisme sémantique[47].

Dans ce monde de favoritisme[48], de copinage et de retours d'ascenseur, il y a, à côté des personnes qui profitent du système de *patronage* (les amis du pouvoir), celles qui doivent recourir au *graissage* pour obtenir quelque faveur. Nous avons déjà en français la locution familière *graisser la patte* (à quelqu'un), c'est-à-dire lui donner de l'argent en échange d'un petit service ou d'un avantage. Au Québec, où cette locution est également en usage, on emploie aussi l'expression ***graisser*** (quelqu'un) « acheter, corrompre, soudoyer » : *graisser un ministre, un fonctionnaire, un maire.* Et l'on donne familièrement le nom de ***graissage*** à cette forme de corruption ainsi qu'à l'argent qui sert à soudoyer, au pot-de-vin lui-même.

★

La chose, on le sait, se pratiquait couramment à l'époque de l'Union nationale de Maurice Duplessis : acheter les élections en offrant des « cadeaux » aux électeurs. De nos jours, le procédé est (un peu) moins

47. Voir, par exemple, Marie-Éva de Villers, *Multidictionnaire de la langue française*, Québec Amérique, 1998.

48. Le terme *favoritisme*, qui désigne la tendance à accorder des avantages par faveur, et non selon la justice ou le mérite, est entré en usage vers 1820 grâce à Victor Hugo. C'est un dérivé de *favori, favorite*, mot emprunté au XVIe siècle à l'italien *favorito, favorita* « qui est l'objet de la préférence de quelqu'un ».

grossier et implique généralement une firme de génie-conseil, un grand cabinet d'avocats ou un entrepreneur, et on l'appelle « élections clés en main ». Mais, en y regardant de plus près, on voit qu'il s'agit essentiellement de la même chose : de *tripotage* d'élections, de *magouilles* comptables, de financement *occulte* des partis politiques. Démocratie *volée*.

On a parfois l'impression que, plus on parle, dans les milieux politiques, de « moralité » et de « devoir de transparence », plus on se livre, dans l'ombre, à des opérations douteuses. *Tripoter* et *magouiller* sont presque synonymes : les deux verbes renvoient à l'idée de « manigancer », de recourir à des procédés malhonnêtes ; en outre, ce sont des « affaires » qui se pratiquent en cachette, à l'abri du regard public. Mais les deux mots sont apparus à des époques bien différentes. Le plus ancien, ***tripoter***, date du XVe siècle. Le verbe, en emploi transitif d'abord, a dès l'origine le sens de « manigancer » une affaire, un complot, de « combiner » un mauvais coup – et par extension, mais beaucoup plus tard, celui de « manier, manipuler », de « tâter » avec plus ou moins d'insistance. *Tripoter* est dérivé de *tripot* (milieu XIIe), mot désignant, en ancien français, une intrigue, une manigance, mais aussi, dans un tout autre contexte, l'acte amoureux[49]... Employé également comme verbe intransitif à partir du XVIIe siècle, le verbe reprend le

49. Le sens moderne du mot, celui de « maison de jeu », n'apparaît pas avant le début du XVIIIe siècle.

sens de « remuer » ou « manier » et, au figuré, celui de « se livrer à des opérations malhonnêtes » : *ça fait quarante ans qu'il tripote dans la politique.* Ajoutons que les deux plus anciens dérivés de *tripoter* ramènent au sens d'origine de « manigance » : ***tripotage*** (fin XVe) « magouille » et ***tripoteur, tripoteuse*** (fin XVIe) « qui brouille les choses, qui se livre au tripotage[50] ».

Magouiller est une création beaucoup plus récente. Le verbe, entré dans l'usage vers 1930, est d'origine incertaine. Une hypothèse rattache le mot à la forme dialectale *margouiller* « pateauger, tripoter », issue de l'ancien français. Une autre explication suggère que le mot a été formé à partir du terme familier *magot*, avec l'influence de *grenouiller* (XVIe) « s'agiter dans l'eau sale ou dans la boue » et, au figuré, « intriguer ». Une chose est sûre cependant : à l'instar de *tripoter*, le verbe *magouiller* s'emploie, dans le domaine de la politique et dans celui des affaires, dans le sens de « se livrer à des manœuvres malhonnêtes, à des tractations douteuses », ou, si l'on veut, de « pateauger dans l'eau sale ». Du verbe sont dérivés trois noms, tous attestés à la fin des années 1960 ou au début des années 1970 : ***magouille*** « manœuvre malhonnête » (*une magouille financière*), ***magouillage*** « ensemble de combinaisons douteuses » et ***magouilleur, magouilleuse*** « celui ou celle qui recourt à des magouilles ».

---

50. Au Québec, on utilise plus souvent le masculin *tripoteux*, forme issue d'un parler régional de France : *méfie-toi de lui, c'est un tripoteux.*

On l'a dit, le tripotage et la magouille se pratiquent en cachette. Or, pour exprimer cette idée de « secret » ou de « camouflage », on emploie couramment le terme *occulte*. L'adjectif ***occulte*** (début XIIe) est emprunté au latin *occultus* « caché, secret ». Comme le mot latin, *occulte* a le sens général de « secret, mystérieux » et sert à qualifier des phénomènes qui semblent échapper à l'explication rationnelle (*les puissances occultes*), d'où l'expression *sciences occultes*, attestée à la fin du XVIIe siècle. Depuis le début du XXe siècle, le mot s'applique aussi, par extension, à ce qui est caché ou se fait en secret (sans lien avec l'ésotérisme) : *comptabilité occulte, financement occulte*.

★

Ces magouilleux d'élections, ces maniganceux de la politique, ces tripoteux de dessous-de-table sont-ils autre chose que des escrocs à cravate, des voleurs à l'allure respectable ? Lors du témoignage de Gilles Cloutier – organisateur d'élections depuis plus de cinquante ans – à la commission Charbonneau, au printemps 2013, on apprenait que ce dernier « a mis son expertise d'organisateur à profit pour voler une soixantaine d'élections, en plus du référendum de 1995[51] ». *Voler* donc.

---

51. « Le spécialiste des *élections clés en main* fait des dégâts », *Le Devoir*, 1er mai 2013.

Drôle d'histoire que celle de *voler* (dans les airs) et *voler* (dans les poches d'autrui), verbes distincts mais pourtant rattachés par leur origine. ***Voler*** (x^e^) vient du latin *volare* qui signifie « se déplacer dans l'air ». En français, *voler* a le même sens que son ancêtre latin et concerne essentiellement le déplacement aérien. Toutefois, dès le XIIe siècle, on trouve un emploi transitif du verbe *voler* dans un sens spécialisé au domaine de la chasse, celui de « chasser au vol » (à l'aide d'oiseaux de proie). Ainsi, on se servira du faucon pour *voler* la perdrix. C'est cet emploi particulier de *voler* « attraper au vol » qui a conduit, par glissement de sens, au verbe ***voler*** (milieu XVIe) dans le sens de « prendre ce qui appartient à autrui ». *Voler* « prendre », va remplacer le verbe d'ancien français *rober*, « piller, dépouiller », emprunté par l'anglais au XIIIe siècle (*to rob*) et qu'on reconnaît encore dans le dérivé *dérober*. À l'exception du mot *vol* qui renvoie, selon le contexte (*vol d'oiseau* ou *vol à main armée*), aux deux sens de *voler*, on ne saurait confondre les mots de la famille de *voler* dans les airs (comme *volant, volatile, volaille* ou *s'envoler*) et ceux, peu nombreux, de la famille de *voler* (dérober) comme *voleur* et *voleuse*. *Voleurs d'élections, voleurs de démocratie, voleurs de rêves.*

Fracture sociale (et *clivages* idéologiques)

Une *fracture sociale* : c'est bien à cela qu'on a assisté au cours des dernières années autant dans les pays arabes secoués par des crises politiques sans précédent que dans les pays d'Europe durement touchés par la crise économique ; c'est de cela aussi qu'on a été témoin durant le Mouvement des indignés et pendant le printemps étudiant de 2012. *Fracture sociale* : choc entre les aspirations de la jeunesse et du peuple et un pouvoir autoritaire et corrompu ; fossé de plus en plus profond entre une minorité de nantis et les laissés-pour-compte ; rupture entre le rêve d'une société plus juste, plus égalitaire, et les politiques néolibérales du pouvoir en place.

Comme *plafond* salarial, *pirate* informatique et humour *décalé*, le syntagme *fracture sociale* se rattache à un phénomène de **recyclage** (ou rajeunissement) **sémantique**, à une forme de **transfert de sens**, qui consiste à utiliser un mot existant – et servant à nommer une certaine réalité – pour désigner une autre réalité. Ce transfert de sens, qui se fait le plus souvent par analogie, nous a donné entre autres (seulement dans la deuxième moitié du XXe siècle) le *plafond* salarial, la *plage* horaire et la *souris* d'ordinateur.

Si l'expression *fracture sociale* date d'environ ving-cinq ans, le nom *fracture* est, pour sa part, entré dans l'usage il y a très longtemps, au Moyen-Âge. ***Fracture*** (fin XIVe) est un emprunt savant au latin *fractura* « brisure, fragment » et, spécialement, « cassure d'un membre », dérivé de *frangere* « briser » (dont la famille comprend des mots comme *fraction, fragile* et *fragment*). La forme *fracture*, calquée sur le mot latin, a supplanté le mot d'ancien français *fraiture* (fin XIIe), issu, par évolution phonétique dans la langue populaire, du même mot latin. Le mot *fracture* « action de briser, de rompre » a déjà eu le sens, aujourd'hui vieilli, de « bris » ou de « rupture avec violence » (on disait, par exemple, *fracture d'une porte, d'un coffre-fort*) ; il a été remplacé dans ce sens par *effraction*, de la même famille. Le mot est employé surtout en médecine pour « rupture d'un os » et en géologie pour désigner la cassure d'un minerai, d'une roche, de l'écorce terrestre.

Quant à l'expression figurée ***fracture sociale***, elle n'est entrée dans l'usage que dans les années 1990, en France d'abord, où elle servait à nommer la cassure qui s'approfondit entre d'un côté les classes populaires et les banlieues déshéritées et, de l'autre, les classes favorisées, les élites politiques et les institutions. L'expression s'est ensuite appliquée, par extension, à toute situation de séparation, de rupture, au sein de la société, en particulier l'accroissement des inégalités sociales et économiques entraînant des conflits sociaux, des troubles, voire un mouvement de révolte. On ne parle plus seulement aujourd'hui de *fracture sociale* mais aussi, dans certains contextes, de *fracture ethnique*, de *fracture religieuse*, de *fracture générationnelle*, de *fracture politique*.

⋆

Cette idée de « cassure », de « séparation », on la trouve aussi dans le terme *clivage*, dont l'emploi figuré n'est pas sans rappeler celui de *fracture*. *Clivage* (milieu XVIIIe) est dérivé du verbe *cliver* (fin XVIe), emprunté au néerlandais *klieven* « fendre ». *Cliver* et *clivage* sont à l'origine des termes spécialisés employés par les diamantaires, en particulier pour désigner l'action de fendre un diamant (un minerai) dans le sens de ses couches lamellaires. Le sens figuré de « séparation entre deux groupes » n'apparaît qu'au cours des années 1930 : *des clivages sociaux, idéologiques, le clivage droite-gauche.*

Carrés rouges sur fond noir d'austérité

> « mais un jour le vrai soleil viendra
> un vrai soleil dur qui réveillera le paysage trop mou
> [...]
> le vrai le dur le rouge soleil de la révolution »

Jacques Prévert
« Le paysage changeur », *Paroles,* 1946.

2012 et 2013.

Au printemps 2012, il y a d'abord cette mer de *carrés rouges* déferlant sur le Québec. Une petite pièce d'étoffe découpée parfois hâtivement – arborée fièrement par plusieurs, mais honnie par d'autres – s'impose rapidement comme le symbole de la révolte étudiante (et bientôt populaire). Le carré rouge se voit presque partout : épinglé aux vêtements, aux sacs à dos, peint sur les murs, suspendu aux balcons, accroché aux fenêtres. À la fin de 2012 et au début de 2013, ce sont les plumes rouges (allusion complice au carré rouge) de la section québécoise du mouvement de revendication autochtone Idle No More (« L'inaction jamais plus ») qui, cette fois, sortent dans la rue. Et puis, au début de juin 2013, une jeune femme à la robe rouge (mais on dira que ce n'était que le fruit rouge du hasard), que la police asperge de gaz lacrymogène lors d'une manifestation à Istanbul, devient instantanément une figure emblématique de la révolte populaire en Turquie. Le rouge est mis, il envahit (à nouveau) les rues.

À l'instar de *vert* (fin XIe, de *viridis*), de *jaune* (fin XIe, de *galbinus*) et de *noir* (fin XIe, de *niger*), le mot ***rouge*** (milieu XIIe) nous vient d'un mot latin: *rubeus*, qui signifie «rougeâtre, roux». En français, le mot *rouge* sert à qualifier, à nommer, ce qui est de la couleur du *rubis* (mot de la même famille), de la couleur du sang: *des fruits rouges, un crayon rouge, être rouge de colère*. Mais la couleur a aussi connu une sorte d'investissement symbolique. Ainsi, depuis environ un siècle, le rouge est souvent relié, par convention, à l'idée d'«alarme», de «danger» ou à celle d'«arrêt», d'«interdiction» (*alerte rouge, feu rouge, carton rouge*). Par ailleurs, par la présence, par le déploiement du drapeau rouge – véritable étendard de la guerre de classe, rouge du sang des combats livrés par la classe ouvrière –, au cœur des bouleversements sociaux et politiques que la France a connus au cours du XIXe siècle, le *rouge* est aussi associé, depuis les années 1830, à l'idée d'«insurrection», d'«action révolutionnaire», de «luttes sociales». Aussi *rouge* est-il devenu le synonyme (aujourd'hui vieilli) de *révolutionnaire* ou de *communiste*: *les rouges*[52], *les banlieues rouges, un syndicat rouge.*

---

52. À ne pas confondre avec le terme *rouge* «libéral», opposé à *bleu* «conservateur», autrefois en usage au Québec. Il s'agit pourtant,

Le rouge du *carré rouge* pourrait se rattacher à ces deux idées à la fois. C'est le *rouge* du feu rouge, celui du « stoppons la hausse » (dont la réponse, si l'on peut dire, était le carré vert des étudiants pour la hausse) ; c'est aussi le rouge des luttes populaires, le rouge de celles et de ceux qui veulent imaginer un monde nouveau, un monde plus juste, plus égalitaire.

Pour ce qui est de la figure géométrique elle-même – le *carré* – son nom vient du latin *quadratus*, participe passé du latin *quadrare* « rendre carré ». L'adjectif ***carré*** (aussi écrit *quarré* en ancien français), attesté assez tôt (au XIIe siècle), sert d'abord à qualifier des objets, des lieux dont les dimensions rappellent celles d'un carré, ou, autrement dit, des objets dont les côtés sont approximativement égaux : *une tour carrée, une fenêtre carrée, un tapis carré*. Par extension, l'adjectif s'applique aussi aux choses dont les angles sont bien marqués : *un visage carré, des épaules carrées* (d'où *carrure*, fin XIIe), *une écriture carrée*. Enfin, le mot est aussi employé au figuré (sens moral) pour qualifier quelqu'un ou une attitude dont la propriété est d'être ferme, direct, nettement

---

à l'origine, du même *rouge* : nous avons eu, au Québec (alors le Bas-Canada), le ***Parti rouge*** formé vers 1848 par des intellectuels progressistes inspirés par les idées républicaines de Louis-Joseph Papineau et par les principes démocratiques et anticléricaux de l'Institut canadien de Montréal. Le Parti rouge, héritier du défunt Parti patriote, prônait notamment l'abrogation de l'Acte d'Union (1840) du Haut-Canada (l'Ontario) et du Bas-Canada.

tranché : *être carré en négociations, un refus carré*[53]. Quant au nom masculin *carré* – quadrilatère dont les côtés sont égaux et les angles droits – il n'apparaît, en géométrie, que bien plus tard, au XVIe siècle (1538).

Une pièce de tissu *rouge* découpée en forme de *carré* – quatre côtés égaux et solidairement liés – est donc devenue l'emblème de la révolte étudiante du printemps 2012. Pourtant ce carré rouge a existé avant le printemps étudiant. Le symbole est apparu pour la première fois en octobre 2004 lors de la campagne menée par le Collectif pour un Québec sans pauvreté contre le projet de loi 57 sur la réforme de l'aide sociale qui menaçait de mettre « un peu plus dans le rouge » les plus démunis de la société.

À peine quelques mois plus tard, en février et mars 2005, le symbole du carré rouge est adopté par le mouvement étudiant lors de sa lutte (grève, occupations, manifestations) contre les compressions dans les prêts et bourses. Au premier ministre Jean Charest, qui les avait présentés comme les « mieux traités au monde » (avant-goût des « enfants gâtés » de 2012), les étudiantes et étudiants répondent qu'ils sont « carrément dans le rouge ». La population est alors invitée à porter un carré rouge en signe d'appui et de solidarité… Le 30 mars 2005, un carré rouge géant a été hissé (mais pas longtemps) sur la

53. D'où l'adverbe *carrément* « à angles droits » (XIIIe), employé familièrement dans le sens figuré de « sans détours » depuis le XIXe siècle.

croix du mont Royal. Tout ça, sept ans avant le printemps érable.

De 2004 à 2012, le carré rouge est devenu un symbole politique, non seulement l'emblème de la lutte étudiante, mais aussi celui de tous ceux et toutes celles qui luttent contre les politiques d'austérité et l'appauvrissement des plus démunis, qui luttent contre les injustices, contre les inégalités de toutes sortes.

Profilage politique : la chasse est ouverte

C'est arrivé au *col blanc*, au *col bleu* et même au *béret blanc*[54] : l'attribut vestimentaire a fini par s'appliquer, par métonymie, à la personne qui le porte. Il en va de même du *carré rouge* depuis le printemps 2012 : le syntagme désigne tout autant le symbole, l'emblème, que la personne qui l'arbore. Quand la policière connue sous le nom de matricule 728 parlait des « osties de carrés rouges », elle faisait moins référence au symbole lui-même (quoique...) qu'aux individus, « artistes » ou « mangeux de marde », qui affichaient ledit carré – ou qu'elle associait, pour des raisons qu'elle seule connaît, au fameux insigne. Profilage ?

C'est ainsi que nous avons assisté, pendant le printemps et l'été 2012, à une véritable chasse aux carrés rouges, non seulement au cours des manifestations quotidiennes, avec ou sans casseroles, qui donnaient lieu aux actes habituels de brutalité policière, à des arrestations massives et souvent musclées, mais aussi dans des contextes beaucoup plus paisibles, voire festifs. Par exemple, pendant la

---

54. *Bérets blancs* : surnom donné aux Pèlerins de Saint-Michel, mouvement ultracatholique et ultraconservateur (qui publie le journal *Vers demain*) dont les membres portent un béret blanc.

fin de semaine du Grand Prix de Formule 1 en juin à Montréal, des dizaines de personnes ont été l'objet, dans le métro ou sur l'île Sainte-Hélène où se déroulait l'événement, de contrôle d'identité, de fouille abusive et parfois même de brève détention « préventive » suivie d'une expulsion des lieux où ils auraient pu troubler l'ordre public. Qu'avaient en commun ces personnes ? Elles étaient généralement jeunes (dans la vingtaine ou dans la trentaine), elles portaient un sac à dos, et elles arboraient le carré rouge (« signe révolutionnaire » selon un agent de police[55]) ou un autre signe distinctif rouge (un foulard, par exemple). Profilage politique ? Un peu plus de deux mois plus tard, en août, des correctrices à l'emploi du ministère de l'Éducation ont été suspendues parce qu'elles avaient porté le carré rouge.

À l'instar de *fracture* (sociale) et de *clivage* (idéologique) dont on a parlé un peu plus haut, *profil* et *profilage* sont des mots qui, tout en conservant leur sens premier (physique ou matériel), ont développé, au cours du XXe siècle, un nouveau sens, psychologique celui-là.

Profil a été emprunté, au début du XVIIe siècle, à l'italien *profilo*, terme du vocabulaire des arts qui a supplanté l'ancien français *porfil*. Le mot *profil* a, à l'origine, le sens de « contour » et sert à désigner l'aspect d'un visage vu de côté (une vue *de profil*),

---

55. Cité dans un article du journal *Le Devoir* intitulé « Carrés rouges, vos papiers ! » (*Le Devoir.com*, le 10 juin 2012).

puis, par extension, le contour général extérieur d'une chose (*le profil d'une montagne, d'un bâtiment*). Le dérivé ***profiler*** (début XVIIe) se rattache étroitement à ce sens : « représenter en profil », puis « tracer le profil d'un objet ». Quant au verbe pronominal *se profiler*, il a d'abord eu le sens de « se découper, se présenter de profil » avant de prendre, au figuré, celui de « se préciser, s'annoncer » (*un conflit syndical se profile à l'horizon*). Est dérivé du verbe *profiler* le terme technique ***profilage*** (fin XIXe) – rien à voir avec le profilage dont il est question ici –, nom de l'opération qui consiste à donner un profil déterminé à une pièce, en métallurgie notamment.

Il faut attendre le XXe siècle pour que le mot *profil* s'applique, en psychologie puis en médecine, à l'ensemble des traits caractéristiques d'une personne et, par extension, dans le domaine professionnel, à l'ensemble des caractéristiques et des aptitudes que doit présenter un candidat à un poste : *avoir (ou ne pas avoir) le profil d'un chef, d'un administrateur.* De cette valeur psychologique du mot découlent d'une part l'expression ***profil bas*** (adopter un *profil bas*, années 1970) « ne pas se faire remarquer, se montrer discret », adaptation de l'anglais *low profile*, et, d'autre part, le terme ***profilage*** (fin XXe, calqué sur l'anglais *profiling*[56]) désignant, en criminologie, la technique qui consiste à établir le *profil* psychologique d'un

56. Le mot *profiling* est dérivé du nom *profile*, emprunté, comme le français *profil*, à l'italien *profilo*.

criminel recherché. En même temps que le terme *profilage* (criminel), a aussi été emprunté le mot *profileur, profileuse* (fin XXe, de l'anglais *profiler*), nom donné à la personne (criminologue) spécialiste du profilage : *une profileuse du FBI.*

Mais l'histoire ne s'arrête pas là. Depuis quelques années, le terme *profilage* est de plus en plus utilisé, par glissement de sens, pour désigner toute action ou attitude des policiers – ou d'autres personnes en autorité – qui serait influencée, consciemment ou inconsciemment, par des considérations ethniques ou raciales. On parle alors de ***profilage racial*** : *selon l'avocat des trois jeunes Noirs appréhendés, il s'agit d'un cas évident de profilage racial.* Par extension encore, on parlera aussi de ***profilage social***, d'attitude discriminatoire ou de harcèlement, de la part de la police, envers les itinérants, les jeunes de la rue ou d'autres groupes dits marginaux, et de ***profilage politique*** à l'égard des personnes portant un « signe révolutionnaire », un symbole associé – par une personne « en autorité » – à la violence, à l'intimidation, au désordre.

Bien entendu, la police n'apprécie guère qu'on remette en question ses méthodes d'intervention et qu'on l'accuse de faire du *profilage* (qu'il soit racial, social ou politique). Tout au plus reconnaîtra-t-on – et encore, du bout des lèvres – qu'il peut exister quelques cas isolés… Plus généralement, on préférera laisser entendre que ce genre de *profilage* n'existe pas, que c'est une invention des avocats ou des gauchistes.

Le Service de police de la Ville de Montréal se défend de faire du profilage politique…

Le SPVM se défend de faire du profilage politique. Les lunettes sont rouges dans la version couleur
Avec l'aimable autorisation
de Michel Garneau dit Garnotte

Caricature : une « charge »

La caricature est un dessin d'humour, une représentation, qui, par le trait ou le choix des détails, donne d'une personne, d'une réalité, une image exagérée, déformée ou burlesque. La caricature politique, qu'on appelle aussi *dessin satirique* ou *dessin éditorial* – déforme ou accentue certains aspects de la réalité pour mieux la révéler. Le mot *caricature* (milieu XVIIIe) est un emprunt à l'italien *caricatura*, dérivé du verbe *caricare* « charger ». La *caricature* est donc, étymologiquement parlant, une « charge », d'abord au sens figuré d'« exagération comique », mais aussi, parfois, au sens propre d'« attaque ». Parallèlement au développement de la caricature politique au XIXe siècle, apparaissent les dérivés *caricaturer* (1801), *caricaturiste* (1803) et *caricatural* (1842).

Grande (ou petite) *noirceur*

On appelle *Grande Noirceur* la période d'une quinzaine d'années qui s'étend de l'après-guerre jusqu'à la fin des années 1950 et qui correspond au règne de Maurice Duplessis (chef de l'Union nationale), de 1944 à sa mort en 1959. Quoi qu'en disent certains « révisionnistes[57] », qui voudraient que cette Grande Noirceur n'ait pas été aussi noire qu'on le dit et qui voudraient même que cette époque ait été, à certains égards, une période de progrès social (!), la Grande Noirceur est une période marquée par l'autoritarisme et le conservatisme à outrance, par la sainte alliance du nationalisme traditionaliste et de la religion. Une période durant laquelle les forces du changement et du progrès – farouchement opposées au duplessisme – étaient plus souvent qu'autrement

---

57. *Révisionniste* : le mot a surtout servi, à partir du milieu des années 1950, à désigner, au sein des mouvements communistes, les tenants d'une révision réformiste des thèses révolutionnaires marxistes. Depuis les années 1980, c'est aussi le nom donné aux personnes qui défendent une position idéologique tendant à minimiser ou à nier l'extermination des Juifs par les nazis – en particulier, l'usage par ces derniers de chambres à gaz. On dit aussi *négationniste* : *un historien révisionniste, des thèses négationnistes.* Le terme *révisionniste* peut aussi s'appliquer, par extension, aux personnes cherchant à réinterpréter des événements historiques, à en détourner le sens au profit d'une vision idéologique.

réprimées et baillonnées par celles du conservatisme étouffant.

Que la Grande Noirceur soit un mythe constitutif de notre imaginaire collectif et de notre conscience historique, soit. Mais ce mythe, né avec la Révolution tranquille, n'est pas seulement ancré dans notre imaginaire, il est inscrit dans notre réalité historique, comme un repère, comme une représentation amplifiée, comme une sorte de symbole-repoussoir.

Aussi, quand le Québec traverse une crise sociale au cours de laquelle le pouvoir en place fait preuve d'autoritarisme pour imposer ses politiques d'austérité et mobilise tout son arsenal idéologique et répressif pour briser la résistance, il est assez normal que resurgisse l'image de la Grande Noirceur. Et cette image, certains n'ont pas manqué de la réveiller lors du printemps québécois de 2012 : le premier ministre Jean Charest était comparé à Maurice Duplessis, le régime corrompu de l'un comparé à celui de l'autre… Environ un an plus tard, pour le 1er mai 2013, la Convergence des luttes anticapitalistes (CLAC) appelait à participer à une manifestation anticapitaliste sous le thème « Contre la grande noirceur, la colère noire ».

Qu'elle soit petite ou grande, la *noirceur* « obscurité » est québécoise. Le terme *noirceur* est, on le devine, dérivé de ***noir*** (*neir*, fin XIe, du latin *niger*), employé d'abord comme adjectif à la fois dans le sens concret, matériel, de quelque chose « de couleur sombre » ou de « privé de lumière » (*le tableau noir,* *la nuit noire*) et dans celui, figuré, de « triste, malheureux, funeste » (*des idées noires, une année noire*)[58]. De même, le nom masculin *noir* (XIIIe) s'applique autant, selon le contexte, à la couleur noire (*un noir profond, s'habiller en noir*) qu'à la nuit, à l'obscurité, aux ténèbres (*avoir peur du noir, il fait noir*) ou à la mélancolie, au pessimisme (*voir tout en noir*).

Le mot ***noirceur*** – d'abord sous la forme *nerçor* (milieu XIIe), puis *nerceur* (XIVe), et enfin sous la forme actuelle (fin XVe) – pris au sens d'« état de ce qui est noir ou très sombre » (*la noirceur du ciel*) a remplacé l'ancien français *noireté*. *Noirceur* a aussi eu le sens de « ténèbres », d'« obscurité », sens considéré vieilli ou « archaïque » en français commun, mais encore bien vivant chez nous où nous ne craignons pas de *sortir à la noirceur*.

Noirceur « obscurité » est donc un québécisme sémantique. À preuve, notre *Grande Noirceur*, la longue nuit politique et sociale dans laquelle le Québec a été plongé de 1945 à 1960, le règne de l'obscurité et aussi de l'obscurantisme. Les années sombres du duplessisme. Noirceur du nationalisme passéiste, noirceur ultraconservatrice, noirceur du patronage, noirceur répressive, noirceur de la censure et du cadenas, noirceur antisyndicale, noirceur anti-intellectuelle, noirceur catholique.

---

58. L'adjectif a pris d'autres sens plus spécialisés dans des syntagmes que l'usage a figés, comme *roman* (ou *film*) *noir, marché noir* ou *liste noire*.

À « grande noirceur », opposons un *refus global*

L'opposition à l'immobilisme de la société québécoise et aux politiques de cadenas du gouvernement Duplessis s'est exprimée de manière éloquente, à la fin des années 1940 et au début des années 1950, non seulement par des grèves marquantes menées par le mouvement ouvrier (à Asbestos en 1949, à Louiseville en 1952), mais aussi, à un tout autre niveau, par la publication, en août 1948, du manifeste automatiste *Refus global*, qui proclame :

> *Fini l'assassinat massif du présent et du futur à coups redoublés du passé.*

Pourtant, à l'époque de sa publication, le *Refus global* sera plus connu par son titre percutant et par l'intense polémique qu'il a suscitée dans les journaux (et aussi en raison du congédiement par le gouvernement Duplessis de son auteur, Paul-Émile Borduas, de l'École du meuble où il était professeur) que par le texte du manifeste lui-même. Ce n'est qu'une quinzaine, sinon une vingtaine d'années plus tard que la portée sociale du manifeste – considéré désormais comme une « révolution » au cœur de la Grande Noirceur, et comme une préfiguration de la Révolution tranquille – commencera à être reconnue.

Le *Refus global*, c'est une attaque virulente contre la paralysie sociale ambiante, contre les valeurs traditionnelles et le passéisme, contre l'élite bien-pensante, contre la présence étouffante de la religion catholique, contre « les murs lisses de la peur ». Et c'est, en même temps, un grand cri libérateur : « libéré de ses chaînes inutiles », « dans l'anarchie resplendissante » – et ces mots « nous poursuivons dans la joie notre sauvage besoin de libération » qui clôturent le texte.

Refus de l'autoritarisme, refus des politiques conservatrices, refus des retours en arrière, refus des conventions, refus d'une société figée, refus d'obtempérer. *Refus* : voici encore un mot-clé du vocabulaire des luttes sociales, de la contestation.

Le mot ***refus***, pris dans le sens d'« action de ne pas donner ou de ne pas faire ce qui est demandé », puis dans celui de « rejet de ce qui est proposé », date du XIIIe siècle. C'est le déverbal de ***refuser*** (fin XIe), issu du latin populaire *refusare*. Or, fait intéressant, le verbe *refusare* résulte du croisement, dans la langue populaire, de deux verbes (de sens très voisins) du latin classique : ***refutare*** « repousser, rejeter » (qui a donné *réfuter*) et ***recusare*** « opposer une objection, refuser » (qui a donné *récuser*). *Refuser* (ou plutôt le latin *refusare*) est donc une sorte de mot-valise avant la lettre. Quant au nom *refus*, il reprend les deux sens de ses ancêtres.

Refus global. Le caractère explosif du titre lui vient bien sûr du mot *refus*, mais peut-être, encore plus, de l'adjectif *global* qui lui est accolé. Car ce *refus* est clairement opposé, non à quelques détails irritants, mais à la société québécoise de l'époque dans son ensemble. C'est un rejet « en bloc », une rupture radicale : « rompre avec toutes les habitudes de la société ». L'adjectif ***global*** (comme l'adverbe *globalement*) n'est attesté qu'au milieu du XIXe siècle. Le mot, qui signifie « considéré en bloc », « dans sa totalité », est dérivé de *globe* (XIVe), emprunt savant au latin *globus* « boule, sphère » et, au figuré, « matière totale de quelque chose ».

Du *Refus global* à l'*Étal mixte* de Claude Gauvreau

Parmi les quinze cosignataires du manifeste *Refus global*, on compte – à côté des Magdeleine Arbour, Marcel Barbeau, Pierre Gauvreau, Muriel Guilbeault, Marcelle Ferron, Fernand Leduc, Jean-Paul Mousseau, Jean-Paul Riopelle, Françoise Sullivan, etc. – le poète Claude Gauvreau, dont l'œuvre littéraire sera l'objet, pratiquement jusqu'à sa mort en 1971, d'une mise à l'écart, d'une censure du silence.

Le premier recueil de « poésie pure » (c'est sa propre expression) de Claude Gauvreau, *Étal mixte*, regroupe vingt-neuf poèmes écrits en 1950 et 1951, dans la foulée de la polémique entourant la publication du *Refus global*, dont il serait en quelque sorte « la contrepartie lyrique* ». Les poèmes d'*Étal mixte* constituent, en effet, à l'instar du manifeste automatiste, une dénonciation violente des élites traditionnelles du Québec de la Grande Noirceur, une attaque contre toutes les incarnations du pouvoir social, politique et (surtout) religieux. Dans plusieurs poèmes du recueil, aux titres plus évocateurs les uns que les autres (*Aurore de minuit aux yeux crevés, Ravage cicatrice, Vénitien danger, Saint-Chrême durci au soleil, Ode à l'ennemi*), Gauvreau se livre, dans une sorte de jubilation verbale, à une charge d'une rare violence contre les représentants d'une société étouffante et hypocrite, à commencer par les membres du clergé, qu'il se plaît à associer à des images de torture, de sexualité malsaine et de maladies « vénériennes », en recourant volontiers à un langage scatologique et blasphématoire.

Saint-Chrême durci au soleil (extrait)

Purulence familiale, infection de jubé, chaude-pisse alternée de l'enfant de Marie et du bedeau obèse ! Inflation corticaire du curé aveugle qui crosse son or !
Meudon ! Noce des purées aux gales baptismales, aux calvities-marottes issues des véroles par plaques !

Inerties-nageoires bandées vers les piastres vertes, débandées devers les blancs tas-tas de mèmerdaille !
Andouille au troufignon glacé où nagent et se pavanent les herbages nauséeux du purgatoire de cul – où flottent et se constipent les épaules de Verlaine solitaires et glacées !
Là où le curé enfonce son poing au cul, là où l'enfant mignon lèche son nombril de pâte, les éclairs exaspérés torchent et retorchent la fiente du renard !
Et l'aigle abrite ses petits ! Et le nord corrompt son noire avoine !
Le chapiteau se lève.
La queue des fous branle dans le dos des vicaires ! C'est aux camps de réforme que le frère a ses proies !

* Selon l'expression de Marcel Bélanger dans le texte « La lettre contre l'esprit, ou quelques points de repère sur la poésie de Gauvreau », revue *Études littéraires*, vol. V, n° 3, décembre 1972, p. 483.

La rue au printemps (En guise de non-conclusion)

« Une force d'abord souterraine, auparavant engourdie par un consensus froid, a surgi ce printemps. »

Manifeste de la CLASSE
Nous sommes avenir, juillet 2012.

« et même ils changeront l'hiver en printemps »

Jacques Prévert « Le paysage changeur »,
Paroles, 1946.

«Le temps des cerises»: encore aujourd'hui, ces mots évoquent (en France surtout, bien sûr) autant la chanson d'amour dont les paroles ont pour auteur Jean-Baptiste Clément que le printemps heureux – mais « bien court » – de la Commune de Paris, de la classe ouvrière au pouvoir.

J'aimerai toujours le temps des cerises
C'est de ce temps-là que je garde au cœur
Une plaie ouverte.

Si *Le temps des cerises*, dont le texte a été composé en 1866, est si étroitement associé à la Commune de Paris de 1871, c'est que son auteur a lui-même été un communard. Mais c'est aussi que la chanson a été, plusieurs années après sa rédaction, dédiée à une infirmière morte durant la dernière semaine de la Commune (la « semaine sanglante »), à « l'ambulancière de la dernière barricade et de la dernière heure ». C'est ainsi que *Le temps des cerises* est devenu un symbole du printemps révolutionnaire de 1871.

Le bien nommé printemps, c'est la première saison, celle qui succède à l'hiver, la saison où la température devient plus douce, où la nature renaît, où les jours rallongent. La saison des amours aussi, dit-on. Le mot ***printemps***, attesté à la fin du XIIe siècle sous la forme *prinstans*, résulte de l'évolution du latin *primus tempus* « premier temps ».

Depuis la fin des années 1960, le mot *printemps*, pris au figuré, sert aussi à désigner une période de réveil, après la torpeur et la noirceur d'un long hiver, du mouvement de revendication populaire, une période de réveil de la rue, un moment historique durant lequel certains rêves de progrès, certains espoirs de libération, semblent en voie de s'accomplir dans le domaine social et politique. Il y a d'abord[59]

59. En fait, on trouve déjà le mot *printemps* pris au sens de « barricades du peuple », de « soulèvement contre l'ordre établi » dans l'expression *Printemps des peuples* qui date du milieu du XIXe siècle. 1848 : le printemps, hâtif, commence le 24 février à Paris. Ce jour-là, le peuple insurgé attaque la garde royale et prend d'assaut les Tuileries, entraînant la chute de la monarchie et la proclamation de la IIe République. Les « journées de février » seront le coup d'envoi d'un mouvement de

eu le printemps de Prague en 1968 – un printemps trop court, brutalement brisé par les chars d'assaut soviétiques.

Plus près de nous, il y a eu le Printemps arabe en 2011, puis le Printemps québécois ou Printemps érable en 2012. Plus près de nous encore, en 2013, on pourrait parler du Printemps turc, du Printemps brésilien, sans oublier ces crises sociales qui éclatent un peu partout (en Grèce, au Portugal, par exemple), ces journées printanières de grève générale, ces manifestations de protestation contre les politiques d'austérité, contre la corruption, contre l'immobilisme. Printemps du réveil politique : partout, on descend dans la rue, on occupe l'espace public.

Rue : voici un mot qui n'a pas pris une ride. *Rue* (fin XIe) vient du latin *ruga*, mot signifiant proprement « ride » et, par métaphore en latin populaire, « chemin », puis « passage bordé de maisons ». La rue est depuis fort longtemps le symbole de la vie urbaine, de l'animation des « faubourgs », des classes populaires. C'est dans la rue que s'exprime la colère du peuple, son indignation : *descendre dans la rue, occuper la rue* ou *prendre la rue*.

Les cols bleus, les cols blancs, toutes les écoles confondues
Faut se ruer dans la rue, au printemps comme une crue

---

contestation révolutionnaire qui s'étendra bientôt à presque toute l'Europe : Italie, Autriche, Hongrie, Allemagne, Roumanie, Pologne... Cet ensemble de révolutions sera appelé le Printemps des peuples.

Faire éclater notre ras-le-bol, une débâcle de casseroles
Trêve de paroles, faites du bruit !
Un charivari pour chavirer ce parti [...]

(*Libérez-nous des libéraux*,
2004, du groupe Loco Locass)

Aussi n'est-il pas surprenant que le mot *rue* serve également, depuis la fin du XVIIe siècle, à désigner par métonymie les habitants de la rue eux-mêmes, surtout le « peuple », ce peuple susceptible, quand il en a assez, de se soulever contre l'autorité, de se révolter... C'est ce sens particulier qu'on retrouve dans des expressions comme *prendre parti pour la rue, joindre la rue, être du côté de la rue.*

Faut se ruer dans la rue... Le verbe *ruer*, on s'en serait douté, n'a rien à voir (étymologiquement) avec le nom *rue*. Et pourtant. ***Ruer*** (début XIIe) est, à l'origine, un verbe transitif signifiant « lancer violemment, jeter », sens disparu depuis longtemps. Le mot vient du latin populaire *rutare* – intensif du latin classique *ruere* « pousser violemment, bousculer ». La forme pronominale ***se ruer*** est pour sa part attestée dès la fin du XIIe siècle avec le sens, qu'elle conserve encore, de « se jeter avec impétuosité, se précipiter ». Enfin, on trouve, au XIVe siècle, le verbe *ruer*, intransitif cette fois, dans le sens de « lancer vivement en l'air les pieds de derrière » en parlant d'un cheval, d'un âne, d'où, au figuré, l'expression ***ruer dans les brancards***, c'est-à-dire « protester, opposer une résistance », voire « se rebeller ».

★

Au printemps 2012, au lendemain de l'adoption par le gouvernement du Québec du projet de loi 78 (loi spéciale), dont l'objectif premier était de briser le mouvement de grève et d'étouffer la résistance populaire, une forme de protestation (nouvelle chez nous) s'est répandue un peu partout dans les rues du Québec, en particulier à Québec et dans plusieurs quartiers de Montréal : le *concert de casseroles*.

Ce grand bruit discordant – appelé ironiquement *concert* – produit en frappant énergiquement sur des casseroles (ou sur tout autre ustensile de cuisine en métal) est un moyen d'exprimer sa colère, de manifester son mécontentement, de résister, que certains font remonter à la fin de l'Algérie française en 1961, d'autres au Chili du début des années 1970. Chose certaine, ce mode de protestation s'est depuis propagé dans des pays d'Amérique du Sud, comme le Venezuela, l'Argentine, puis, entre 2009 et 2011, dans d'autres pays du monde, du Tchad à l'Islande en passant par l'Espagne, puis ici au Québec en 2012 et en Turquie au printemps 2013.

Malgré la mauvaise réputation que certains[60] ont voulu faire porter aux casseroles – les associant à la violence, à l'anarchie, au vandalisme sonore –, il n'y

60. Certains : il s'agit sûrement de ceux qui, selon la formule employée par la CLASSE dans son manifeste, « préfèr(ent) les doux murmures des lobbys au tintamarre des casseroles ».

a pas plus de lien étymologique (et sémantique) entre *casserole* et *casser* qu'entre *rue* et *ruer*. ***Casserole*** (fin XVIe) est dérivé de l'ancien français *casse* (milieu XIVe) « poêle, casserole », lui-même emprunté à l'ancien provençal *cassa*.

On pourrait aussi rattacher la fanfare de casseroles à une autre tradition tout aussi festive dont les racines sont beaucoup plus anciennes dans nos mœurs politiques : le *charivari*, aussi appelé ailleurs le *tintamarre*.

Le *charivari*, qui consiste en un bruit discordant de poêles et de casseroles accompagné de cris et de sifflets, est une pratique très ancienne (venue de France) servant, à l'origine, à huer un mariage considéré « mal assorti » (entre une jeune femme et un homme beaucoup plus vieux, par exemple). Au cours du XIXe siècle, surtout à partir de la rébellion de 1837-1838, le *charivari* devient nettement politique, et les Patriotes y ont recours pour dénoncer bruyamment les autorités en place – les « bureaucrates » – et les traîtres qui les soutiennent. ***Charivari*** (*chalivali*, début XIVe) vient d'un mot du bas latin *caribaria*, calqué sur le grec *karêbaria* « mal de tête ». Ce tapage nocturne n'avait, en effet, d'autre but, en 1837, que de troubler le sommeil des bureaucrates et de leurs amis en leur infligeant un bon mal de tête.

Le *tintamarre*, on le sait, est le nom donné, en Acadie, à un défilé populaire à la fois bruyant et joyeux qui se tient spécialement lors de la célébration de la fête nationale acadienne, le 15 août. Le mot *tintamarre* (fin XVe), formé de *tinter* « produire des sons aigus » et d'une finale d'origine incertaine, désigne, comme *charivari*, un bruit discordant et assourdissant et, par extension, depuis le milieu du XVIe siècle, un grand vacarme accompagné de désordre, un tumulte. Le mot s'emploie aussi, depuis le XVIIIe siècle, au sens figuré de « protestation ».

*

De *ruer dans les brancards* au *charivari* politique, du *tintamarre* au *concert de casseroles*, tout cela nous ramène malgré tout à la *rue*, théâtre de toutes les révoltes, de tous les désordres du jour, même quand ils s'accompagnent de grands rires.

Ainsi la *rue*, au printemps, c'est à la fois un espace public, un lieu de lutte et un lieu d'expression de la démocratie directe. La *rue,* c'est aussi le peuple, l'ensemble de celles et ceux qui l'occupent, qui l'investissent. Dans ce sens – nos politiciens qui n'entendent pas « céder à la rue » l'ont bien compris –, *rue* s'oppose à *institutions,* comme démocratie « participative » s'oppose à démocratie « représentative » :

prendre parti pour la rue,
c'est la rue qui parle.

Bibliographie sommaire

Dubois, J., H. Mitterand, et A. Dauzat (dir.), *Dictionnaire étymologique et historique du français*, Paris, Larousse, 2006.

Perret, Michèle, *Introduction à l'histoire de la langue française*, Paris, Sedes, collection « Campus / Linguistique », 1998.

Rey-Debove, Josette, et Alain Rey (dir.), *Le Nouveau Petit Robert 2008*, Paris, Le Robert, 2007.

Rey, Alain (dir.), *Dictionnaire historique de la langue française*, Paris, Robert, 1994.

Articles des journaux *La Presse* et (surtout) *Le Devoir*.

Magazine *URBANIA*, *Spécial rouge²*, été 2012.

Table des matières